복 있는 사람

오직 여호와의 율법을 즐거워하여 그 율법을 주야로 묵상하는 자로다.
저는 시냇가에 심은 나무가 시절을 좇아 과실을 맺으며 그 잎사귀가 마르지 아니함 같으니
그 행사가 다 형통하리로다. (시편 1:2-3)

마틴 로이드 존스

영광

D. Martyn Lloyd-Jones

The All-Sufficient God

마틴 로이드 존스

영광

정상윤 옮김

복 있는 사람

마틴 로이드 존스
영광

2009년   1월 14일 초판 1쇄 발행
2010년   1월 29일 초판 2쇄 발행
2014년 11월 14일 2판 1쇄 발행
2021년 11월 22일 2판 4쇄 발행

지은이 마틴 로이드 존스
옮긴이 정상윤
펴낸이 박종현

㈜ 복 있는 사람
주소 서울특별시 마포구 연남동 246-21(성미산로23길 26-6)
전화 02-723-7183(편집), 7734(영업·마케팅) 팩스 02-723-7184
이메일 hismessage@naver.com
등록 1998년 1월 19일 제1-2280호

ISBN 978-89-6360-144-1 03230

이 도서의 국립중앙도서관 출판예정도서목록(CIP)은
서지정보유통지원시스템 홈페이지(http://seoji.nl.go.kr)와 국가자료공동목록시스템(http://www.nl.go.
kr/kolisnet)에서 이용하실 수 있습니다. (CIP제어번호 : CIP2014031528)

차례

1.

위로의
메시지

사 40:1-2

너희의 하나님이 이르시되 너희는 위로하라.

내 백성을 위로하라.

너희는 예루살렘의 마음에 닿도록 말하며 그것에게 외치라.

그 노역의 때가 끝났고 그 죄악이 사함을 받았느니라.

그의 모든 죄로 말미암아 여호와의 손에서 벌을 배나 받았느니라 할지니라 하시니라.

이사야서 40장은 어떤 기준, 어떤 각도로 보나 성경에서 가장 웅변적이고 감동적인 본문으로 인정받아 마땅하다고 생각합니다. 이 말씀은 성경 외에는 그 어느 곳에서도 찾아볼 수 없다고 할 정도로 강력합니다. 언어나 구문의 조화, 사상, 경쾌하고 율동적인 표현 모두 비할 데 없이 훌륭합니다. 그런데 바로 그 이유 때문에 이 위대한 장(章)에는 위험이 따를 수 있습니다. 일종의 문학작품이나 예술적이고 미적인 작품으로만 취급함으로써 본문이 참으로 말하려는 바를 놓칠 수 있는 것입니다. 그러나 우리가 확신하는 바대로, 이 장은 단순히 문학적인 관점에서 기록된 것이 아닙니다.

이사야는 훌륭한 문학작품을 생산하는 데에는 아무 관심이 없었습니다. 그는 하나님의 성령에 붙들렸고, 그의 감동하심으로 메시지를 받았습니다. 그의 관심은 자신이 받은 바로 그 메시지에 있었습니다. 성령이 주시는 메시지는 아주 크고 놀라운 것이어서, 그 메시지를 진정으로 깨달은 사람이라면 누구나 어떤 의미에서 웅변적이되지 않을 수 없고, 그 메시지에 사로잡히지 않을 수 없으며, 감동받지 않을 수 없습니다. 이사야도 그랬던 것이 분명합니다. 그 진리가 어찌나 장중하고 위엄 있고 압도적이었던지, 그는 거의 아무런 말도

할 수가 없었습니다. 그런 상태에서 진리를 전했는데도, 그 표현이 이처럼 강력하고 영광스럽게 나온 것입니다.

이사야가 이 책을 기록한 직접적인 목적은 이스라엘 자손들에게 메시지를 전하는 것이었습니다. 하나님은 장차 이스라엘에 닥칠 일—고난을 겪을 것과 정복당한 후 바벨론이라는 곳으로 잡혀갈 것—을 미리 보여주셨고, 선지자는 이 책 첫 부분에서 그에 관한 메시지를 전부 전했습니다. 그런데 하나님이 주신 메시지가 더 있었습니다. 그것은 이 백성이 바벨론 포로생활에서 구원받고 해방되어 자신들의 나라와 예루살렘 성으로 돌아오게 된다는 것이었습니다. 이 위대한 말씀이 전하고 있는 일차적인 메시지는 이것임이 분명합니다. 이것은 이스라엘 자손에 대한 메시지, 그들에게 직접 주시는 메시지였습니다. 그런 의미에서 이것은 직접적인 예언입니다. 실제로 남은 자들이 포로생활에서 돌아옴으로써 이 예언은 실현되었습니다. 남은 자들은 자신들의 선택에 따라 이스라엘로 돌아왔습니다. 그러니까 직접적인 의미에서는 예언이 이미 성취된 것입니다.

그러나 저는 또 다른 이유에서 이 본문에 여러분의 주의를 환기시키고자 하는데, 그 이유 또한 전적으로 성경에 근거한 것입니다. 성경을 잘 아는 분들은 신약성경 앞에 나오는 세 복음서, 즉 마태복음, 마가복음, 누가복음에 바로 이 구절들—또한 40장의 다른 구절들—이 인용되고 있음을 알 것입니다. 복음서들이 아주 분명하게 보여주고 있듯이, 이 구절들은 무엇보다 바벨론에 포로로 잡혀간 이스라엘 자손들에게 직접 해당되는 예언인 동시에 장차 주어질 기독교 복음의 놀라운 전조이자 징조이기도 합니다. 신약성경은 바로 이 이사야서 40장의 예언을 자세히 설명해 주고 있습니다. 저는 이런 각도에서 여러분과 함께 이 두 구절을 고찰하고자 합니다. 우리가 이 구절들을 연구하는 것은 신약의 복음 자체가 그렇게 하도록 요구하기 때문입니다.

이 본문은 기독신앙의 실체를 아주 독특한 방식으로, 완벽하게 요약하고 있습니다. 복음에 두드러지게 나타나는 기본적인 특징들을 보여주고 있습니다. 예수 그리스도 복음의 독특한 점이 바로 이것입니다. 구약성경이 예고하고 예언했던 일들이 실제로 일어납니다. 그리고 신약성경은 그 일들에 대해 이야기하고 설명합니다. 그렇기 때문에 구약성경에 나오는 그림과 전조를 통해 복음을 살펴보는 것이 유익할 때가 종종 있습니다. 구약성경은 복음을 단순한 형태와 생생한 그림에 담아서 보여주기 때문에 좀 더 쉽게 이해하고 파악할 수 있습니다.

더 나아가 제가 이 본문을 살펴보는 것은 기독교 복음, 즉 기독교 메시지의 실체와 관련하여 상당한 오해와 혼동이 발생하고 있기 때문입니다. 제가 지치지도 않고 이야기하는 사실, 점점 더 인정하게 되는 사실은 기독교를 완전히 오해한 탓에 오랜 세월 한 번도 예배당을 찾지 않고 교회 밖에 머무는 비그리스도인들이 많다는 것입니다. 그들은 성경을 읽고 판단하는 것이 아니라 자기들 멋대로 가정해 버립니다. 어렸을 때 누군가에게 들은 부정적인 이야기―기독교에 편견을 가진 누군가가 기독교를 싸잡아 일축하며 했던 이야기―를 그대로 받아들입니다. 그리고 "기독교에는 아무것도 없다. 기독교의 역할은 끝났다. 교회는 돈벌이 등에만 관심이 있는, 아무 소망도 없고 쓸모도 없는 곳이다"라는 말―흔한 비난―만 하면서 한 번도 제대로 기독교를 살펴보지 않습니다. 그렇기 때문에 진정한 의미에서 기독교 메시지와 만나게 될 때 "기독교가 이런 건 줄 정말 몰랐다!"라고 말하는 사람들이 점점 많아지는 것입니다. 기독교를 제대로 본 사람들은 깜짝 놀랍니다.

물론 그렇게 놀라는 것도 이해가 됩니다. 기독교에 대한 통념을 기준으로 삼는 사람은 반드시 헤매게 되어 있습니다. 성경 자체를 찾아보지 않고 성경의 메시지도 믿지 않는데 어떻게 복음을 제대로 이해할 수 있겠습니까? 이 책을 떠나서는 기독교에 대해 아무것도 알 수가 없습니다. 이것은 사람의 생각에 달린 문제가 아닙니다. 누가 무슨 생각을 하느냐는 중요치 않습니다. 중요한 것은 내가 기독교를 어떻게 생각하느냐가 아니라 성경이 기독교에 대해 뭐라고 말하느냐입니다. 그러므로 우리는 성경과 성경의 메시지로 돌아가야 합니다. 성경 그 자체를 읽고 연구해야 합니다. 그럴 때 우리가 발견하게 되는 사실은 성경 전체가 한 가지 중대한 메시지를 전하고 있다는 것, 다양한 방식으로 표현하며 다양한 형태로 제시하기는 하지만 결국은 항상 동일한 메시지를 전하고 있다는 것입니다. 이 감동적이고 웅변적인 본문 맨 처음에 나오는 두 구절에서 우리가 즉시 발견하게 되는 사실도, 여기에 기독교의 핵심요소들 중 적어도 일부가 요약되어 있다는 것입니다.

예수 그리스도의 복음과 관련하여 언제든지 가장 먼저 알아야 할 점이 있습니다. 그것은 바로 하나님이 이 메시지를 보내셨다는 것입니다. 여기에서 말씀하고 계시는 분은 다름 아닌 하나님이십니다. 이 사람 이사야에게 메시지를 주시는 분은 하나님이십니다. "위로하라"라고 말씀하시는 분은 하나님이십니다. 이사야에게 전하라고 하시는 분은 바로 하나님, 전능하신 하나님이십니다. 저는 왜 이 사실에서 출발하며 이 사실을 강조하는 것일까요? 이 사실을 분명히 알지 못하면, 그 어떤 것도 분명히 알 수가 없기 때문입니다. 기독교적인 삶의 길과 구원의 길에 대해 무엇보다 먼저 알아야 하는 것은 그것이 완전히, 전적으로 하나님께로부터 나온다는 이 사실입니다. 오늘날 평범한 사람들이 하나님에 대해 가지고 있는 생각이야말로 세상의 가장 큰 비극입니다. 우리 모두 이런 잘못을 저지르지 않았습니까? 우리는 마치 하나님이 우리를 대적하시는 분인 것처럼, 사람들을 적대하는 무서운 유령이나 무서운 힘 내지는 끔찍한 지배자인 것처럼, 어떤 면에서 사람들이 비참하게 자기 발 앞에 기어 다니기 전까지는 절대 만족하지 않는 존재인 것처럼 생각했습니다. 하나님은 벌주기를 좋아하며 우리를 전적으로 대적하여 억압하려는 존재라는 것이 보통 사람들의 생각입니다. 그렇다 보니 하나님과 신앙 전체를 우리와는 완전히 반대쪽에 있는 것으로 간주합니다. 그러나 이것은 진리를 곡해하는 생각입니다. 사람들은 사실과 정반대로 믿고 있습니다.

이런 식으로 생각하지 않는 사람들도 있습니다. 그들은 오히려 노력을 통해 그리스도인이 된다고 생각하며, 그리스도인이란 이처럼 큰 노력을 감수한 사람들, 더 나은 삶을 갈망하며 그렇게 살기로 결심한 사람들, 그것에 헌신한 사람들이라고 생각합니다. 그들은 더 나은 사람이 되기 위해 교회도 다니고 성경도 읽고 기도도 합니다. 어느 날 그리스도인이 되어야겠다는 생각이 듭니다. 그래서 그 생각을 실행에 옮겨 하나님을 찾고자 애를 씁니다. 그런데 하나님은 저 멀리 계셔서 결코 잡히지 않는 분처럼 보입니다. 기독교를 이런 식으로 생각하는 사람들이 얼마나 많은지 모릅니다! 그들은 기독교를 일차적으로 인간의 활동이자 인간이 해야 할 일로 여깁니다. 하나님이 별로 응답하고 싶어 하시지 않는 것 같다고 생각하면서도 최종적으로 진리를 발견하고 진리에 도달할 때까지 계속해서 추구하며 탐색하고자 합니다.

그러나 이 또한 완전히 잘못된 생각입니다. 복음의 첫 번째 진술은 이것이 전적으로 하나님께로부터만 나온다는 것입니다. 복음은 하나님의 행동이요 하나님의 활동입니다. 이것은 성경 어느 곳을 펼쳐 보아도 알 수 있는 사실입니다. 성경에 따르면 태초의 남녀는 하나님과 바른 관계를 맺고 있었습니다. 그런데 너무나 어리석게도 하나님께 등을 돌리고 빗나가 오늘날 인간이 겪고 있는 모든 불행을 겪게 되었습니다. 성경의 전체적인 메시지는, 그런 인간에 대해 하나님이 "좋다. 저들이 그 길을 택했으니 계속 그렇게 가다가 그 결과를 감수하게 해라"라고 말씀하시기는커녕 오히려 정반대로 말씀하셨다는 것입니다. 하나님, 사람들에게 모욕과 배신을 당하신 바로 그 하나님이 사람들을 너무나 염려하여 그들을 해방시키고 구속할 수 있는 유일한 일을 친히 하셨다는 것이 바로 이 책의 메시지입니다.

하나님이 타락한 인간을 구하기 위해 행하신 일을 찾아보고 싶다면 창세기 앞장부터 읽어 보면 됩니다. 아담이 죄를 짓자 하나님이 찾아오셔서 "너는 죄를 지었지만 내가 처리해 주겠다"라고 말씀하셨습니다. 그리고 여자의 후손이 뱀의 머리를 상하게 하리라는 약속을 주셨습니다. 구약성경을 죽 읽어 보면 백성들에게 동일한 약속을 계속 주시는 것을 알 수 있습니다. 하나님이 사자들을 보내서 항상 전하게 하셨던 한 가지 큰 메시지는, 맹세코 죄에 빠진 인간을 위해 무언가를 하심으로써 친히 그들을 구속하시며 구출해 주시겠다는 것이었습니다. 다름 아닌 하나님이 친히 이 메시지를 주셨습니다. 오늘 본문에 그 내용이 완벽하게 요약되어 있습니다. "너희의 하나님이 이르시되 너희는 위로하라. 내 백성을 위로하라."

그러므로 저는 여러분에게 편견 없이 성경을 읽어 볼 것을 권하며, 지금껏 하나님과 기독교에 대해 가지고 있었던 생각들을 성경 내용에 비추어 검토해 볼 것을 권합니다. 구약성경을 죽 읽어 보면, 이스라엘 자손들이 줄기차게 하나님을 떠나 헤매고 다녔다는 사실, 하나님이 그 뒤를 좇아가지 않으셨다면 그대로 완전히 망해 버렸으리라는 사실을 발견할 것입니다. 하나님은 그들이 잘못된 길로 가지 않도록 애써 막으셨고, 자신을 청종하지 않을 때에도 아주 버리지 않으셨습니다. 앞서 말씀드렸듯이, 이것이 이사야서 40장의 내용입니다. 성경은 처음부터 끝까지 하나님의 이야기입니다. 설교자들과 종들을 보내시는 하나님, 메시지를 주시는 하나님의 이야기입니다.

물론 성경의 가장 우선적인 메시지는 "하나님이 세상을 이처럼 사랑하사 독생자를 주셨으니—세상에 보내 주셨으니—"라는 것입니다요 3:16. 하나님의 아들이 어린 아기로 오셨고, 인간으로 이 땅에서 사셨습니다. 고통을 참고 견디셨으며, 심지어 십자가에서 죽임까지 당하셨습니다. 하나님이 이처럼 아들을 보내 주심으로써 여러분과 저는 구속받고 하나님과 화목케 되어 새 생명을 누릴 수 있게 되었습니다. 이것은 전부 하나님께로부터 나온 일입니다. 이제 분명히 아시겠습니까? 하나님이 어떤 식으로든 우리를 대적하신다는 끔찍한 생각에 아직도 사로잡혀 있는 것은 아닙니까? 사랑하는 여러분, 여러분과 제가 이처럼 복음을 고찰할 수 있는 것은 하나님이 우리를 굽어보신 덕분이고, 우리를 향해 영원한 사랑의 마음을 품어 주신 덕분입니다. 하나님은 세상을 창조하신 하나님이시자 구원하시는 하나님이십니다. 구원은 하나님이 주도하시는 일, 처음부터 끝까지 하나님이 하시는 일입니다.

이사야서 40장 첫 두 구절이 보여주는 기독교 메시지의 두 번째 핵심요소는 메시지를 듣는 자들의 상태입니다. 하나님이 그의 종 된 선지자를 통해 메시지를 주시는 대상이 누구입니까? 그 대답이 여기 아주 생생하게 나와 있습니다. 이 메시지를 주시는 대상은 바로 노역의 상태에 있는 자들입니다. "너희는 예루살렘의 마음에 닿도록 말하며 그것에게 외치라. 그 노역^{warfare}의 때가 끝났고 그 죄악이 사함을 받았느니라." 이 또한 기독교 복음의 기본적인 요점입니다. 성경에 따르면 우리 모든 사람은 태어날 때부터 노역의 상태에 있습니다. 그리스도인이 되기 전까지는 그렇습니다. 이 말이 무슨 뜻일까요? 자, 우리는 이 말의 의미를 어느 정도 알고 있습니다. 노역이란 일종의 '힘든 일'을 의미합니다. 더 생생하고 쉽게 말하자면 '어려운 때'를 의미합니다. 성경 메시지에 따르면, 인간은 이런 상태에 있습니다. 이것은 이런 상태에 있는 자들에게 주시는 메시지입니다.

우리가 노역의 상태에 있다는 점을 강조하기 위해 잠시 설교를 멈추어야 할까요? 이 말씀의 진실성을 굳이 확인해 드려야 하겠습니까? 여러분, 여러분은 지금 평강의 상태에 있습니까? 여러분의 내면에 평강이 있습니까? 적어도 여러분의 삶에는 노역이 없다고—영혼의 수면이 아무 잔물결도 없이 잔잔하다고—말할 수 있습니까? 여러분에게는 아무런 갈등이 없습니까? 선하고 올곧게 사는 일이 쉽고 간단하게만 보입니까? 욕심과 정욕과 욕망과 시기로 인한 갈등이 없습니까? 여러분의 삶은 완벽하게 고요하고 평탄하며 조용합니까?

정직한 사람이라면 누구나 그렇지 않음을 즉시 알 것입니다. 인간의 마음속에는 무서운 노역이 있고 무서운 갈등이 있습니다. "내 하나님의 말씀에 악인에게는 평강이 없다 하셨느니라"^{사 57:21}. 정말 그렇습니다!

여러분의 인간관계는 어떻습니까? 다른 사람들과의 관계는 어떻습니까? 부모님과의 관계, 남편이나 아내와의 관계는 어떻습니까? 자녀들과의 관계는 어떻습니까? 함께 일하는 사람들, 함께 지내는 사람들, 살면서 서로 얽혀 있는 모든 사람들과의 관계는 어떻습니까? 그 관계에 평강이 있습니까?

이 질문들에 대한 대답 역시 우리는 아주 잘 알고 있습니다. 우리의 인간관계도 노역입니다. 안식이 없습니다. 조용하지 않습니다. 사는 것 자체가 투쟁입니다. 어렵습니다. 버겁습니다. 흔히 말하듯 상황이 우리를 '무너뜨립니다.' '좌절'이야말로 이 시대를 설명해 주는 말 아닙니까? 우리는 씨름을 하고 있습니다.

우리는 상황이 나아지기를 항상 소망합니다. 아니, 상황이 나아지리라고 확신해 왔습니다. 정치가들이 항상 약속했던 것도 그것이었습니다. 전쟁이 일어날 때마다 앞으로 다시는 전쟁이 일어나지 않을 것이라고 했습니다. 전쟁이 일어난 것은 단순히 어떤 특정한 인물 때문이라고 했습니다. 우리에게는 아무 문제가 없다고 했습니다. 기회만 주어지면 성공할 것이라고 했습니다. 그러나 성공하지 못했습니다. "우리가 평강을 바라나 좋은 것이 없으며 고침을 입을 때를 바라나 놀라움뿐이로다!"렘 8:15 삶은 안팎을 가리지 않고 싸움과 투쟁과 진통으로 얼룩져 있습니다. 오늘날 세상도 이런 모습을 아주 웅변적으로 그려 내고 있지 않습니까? 신문들이 저보다 훨씬 더 잘 그려 내고 있습니다. 여러분은 모든 소송과 법적 분쟁에 대한 기사에서 이런 노력을 볼 수 있습니다. 절도와 위험과 도덕적 혼란에 대해 읽을 수 있습니다. 그 모든 것이 얼마나 지치고 피곤한 일인지 알 수 있습니다.

제가 이런 말을 하는 것은 사람들을 정죄하기 위해서가 아닙니다. 오히려 저는 그들을 안쓰럽게 생각합니다. 전에도 종종 이 자리에서 말씀드렸지만, 지금 다시 한 번 말씀드리겠습니다. 저는 쾌락과 오락에 열광하는 현대인들을 지탄해야 한다는 의견에 동의하지 않습니다. 그 이유를 알려 드리겠습니다. 사람들이 이처럼 쾌락의 힘으로 살며 쾌락에 주리고 목말라 하는 것은, 할 수만 있다면 한두 시간만이라도 이 무서운 투쟁에서 벗어나기 위해서입니다. 삶에 짓눌려 쓰러지고 무너졌기 때문에 그렇게 하는 것입니다. 그들은 비참합니다. 불행합니다. 지금 머릿속에 있는 생각을 그대로 두는 한 단 하룻밤도 집안에서 행복하게 지낼 수가 없습니다. 왜 그럴까요? 그 생각들이라는 게 다 불쾌하고 비참한 것이기 때문입니다. 그래서 불쌍한 여자들이 어린 자녀들을 집에 남겨 둔 채 문을 잠그고 나가 버리는 일까지 생깁니다. 저는 그들을 이해할 수 있습니다. 그들은 말할 수 없이, 견딜 수 없이 권태로운 것입니다. 자기들 속에는 기댈 만한 것이 없기 때문에 밖에서 쾌락을 찾는 것입니다. 바로 이런 것이 노역입니다.

삶이 이렇게 되어 버린 이유가 무엇입니까? 전쟁이 계속 일어나고 있는 이유가 무엇입니까? 그 대답이 되는 두 단어가 오늘 본문에 나오고 있습니다. 첫 번째 단어는 **죄악**iniquity이고 두 번째 단어는 **죄**sins입니다. "너희는 위로하라. 내 백성을 위로하라. 너희는 예루살렘의 마음에 닿도록 말하며 그것에게 외치라. 그 노역의 때가 끝났고 그 **죄악**이 사함을 받았느니라. 그의 모든 **죄**로 말미암아 여호와의 손에서 벌을 배나 받았느니라." 이 단어들이 의미하는 바는 과연 무엇일까요?

첫째로, 죄악이란 무엇입니까? 왜곡이며 잘못입니다. 이 말에는 여러분과 제가 알고 있는 모든 것, 보고 있는 모든 것이 비틀리고 왜곡되었다는 뜻이 들어 있습니다. 세상이 노역의 상태에 빠진 이유가 바로 이것입니다. 세상은 원래 이런 곳이 아니었습니다. 이 또한 성경이 처음부터 끝까지 곳곳에서 가르치고 있는 중대한 원리입니다. 처음 창조된 세상은 지금 우리가 보고 있는 이런 세상이 아니었습니다. 사람들도 원래 이렇지 않았습니다. 삶도 오늘날 같지 않았습니다. 죄악, 곧 비틀림이 삶과 세상 속으로 들어오면서 이렇게 된 것입니다.

또 한 단어인 죄는 '과녁을 빗맞히는 것'이라고 정의 내릴 수 있습니다. 화살을 쏘는데 과녁에 명중하지 못합니다. 빗나가 버립니다.

아무리 쏘아도 맞지 않습니다. 이처럼 죄란 마땅히 해야 할 일을 하지 않는 것입니다. 마땅히 있어야 할 자리에 없는 것입니다. 과녁을 빗맞히는 것입니다. 이것은 책망 받을 일입니다.

성경은 이러한 죄악과 죄야말로 세상에 노역이 생긴 원인이라고 말합니다. 어리석게도 태초의 남녀는 악한 유혹자의 말에 귀를 기울였고, 그 결과 본성이 비틀려 버렸습니다. 이전처럼 마땅히 해야 할 행동을 하지 않고, 몸을 비틀어 하나님을 등져 버렸습니다. 그때부터 모든 것이 잘못된 길로 접어들었습니다. 오늘날 인간은 바른 위치에 서 있지 않습니다. 바른 방향을 보고 있지 않습니다. 원래 해야 할 역할을 하고 있지 않습니다. 인간은 균형을 잃었고 왜곡되었으며 잘못되었습니다.

죄악과 죄라는 이 무서운 원인 때문에 세상의 삶이 현재 우리가 경험하고 있는 이런 꼴이 되어 버렸다는 사실을 이해하지 못하는 한, 기독교의 구원 역시 이해할 수 없습니다. 이것이 성경의 중대한 메시지입니다. 성경은 이처럼 왜곡된 사람들이 살고 있는 세상 속으로 들어와 우리는 책망 받아 마땅한 상태에 있다고 말하며, 우리가 이렇게 노역에 시달리는 것은 하나님께 죄를 지었기 때문이고 하나님과 바른 관계에 있지 않은 사람에게는 행복이 허락되지 않기 때문이라고 서슴없이 말합니다. 제가 서슴없이 말하는 바 또한 이것입니다. 성경은 다음과 같이 말하고 있습니다. "내 하나님의 말씀에 악인에게는 평강이 없다 하셨느니라"[사 57:21]. 정말 그렇지 않습니까? 여러분은 돈으로 평강을 살 수 없습니다. 세상에서 가장 비참한 사람들 중에는 뜻밖에도 백만장자들이 포함되어 있습니다. 돈으로 아내는 살 수 있어도 평강과 행복은 살 수 없습니다. 술과 차와 경주마는 살 수 있어도—거의 모든 것을 살 수 있어도—평강은 살 수 없습니다. 열심히 애는 쓰지만 비참하게 실패할 뿐입니다.

돈으로는 평강을 얻을 수 없습니다. 지성과 지각으로도, 지식과 학식으로도, 교육과 교양으로도, 의회의 법률로도, 법으로도 얻을 수 없습니다. 그렇다고 이런 것들 자체를 부인하는 것은 아닙니다. 불행하게도 배웠다고 해서 평강을 얻는 것은 아니라는 점에서, 이런 것들이 평강을 주지 못한다고 말하는 것입니다. 위대한 지각도 평강을 주지는 못합니다.

> 자연의 손길은 모든 사람을 한 족속으로 만들어 버리지요.
> — 셰익스피어^{William Shakespeare}, 「트로일러스와 크레시다」^{Troilus and Cressida}

불행함과 비참함은 사회의 어느 한 계층에만 국한된 것이 아닙니다. 이른바 런던 웨스트엔드나 이스트엔드나 본질적으로는 아무 차이가 없습니다.* 이른바 위대한 자들이나 하찮은 자들이나 아무 차이가 없습니다. 모든 사람이 똑같이 노역에 시달리며 똑같이 불행합니다. 출세를 하고 승진을 해도 여전히 질투와 시기와 악의와 원한과 옹졸함의 희생자가 될 수 있으며, 도덕적인 삶이나 인간관계가 엉

---

* 웨스트엔드는 런던의 번화한 상업지구이자 뮤지컬의 중심지인 반면, 이스트엔드는 극빈노동자가 거주하는 빈민가로서 2차 대전 이후에야 개선 작업이 시작되었다—옮긴이.

망일 수 있습니다.

　그렇습니다. 노역이 삶 전체를 관통하고 있습니다. 성경이 곳곳에서 가르치고 있는 바, 그리고 이 두 구절이 가르치고 있는 바는, 하나님과 바른 관계를 회복하지 않는 한 계속 이런 상태로 살 수밖에 없다는 것입니다. 하나님은 다른 삶을 허락지 않으십니다. "그의 모든 죄로 말미암아 여호와의 손에서 벌을 배나 받았느니라." 이 교리가 우리의 마음에 들지 않을 수도 있습니다. 본성적으로 이 교리를 마음에 들어 할 사람은 아무도 없습니다. 그러나 이것은 제가 이 강단에 서 있다는 사실만큼이나 확실한 사실입니다. "사악한 자의 길은 험하니라"^{잠 13:15}. 하나님을 등진 사람은 비참한 노역에 시달리게 되어 있습니다. 죄는 가혹한 감독관입니다. 비참함과 긴장과 불화와 오늘날 우리가 삶에서 목도하는 모든 것을 불러옵니다. 하나님은 거기에 심판을 선포하고 계십니다. 지금 이 순간 사람들이 저지르고 있는 가장 어리석은 짓은 수소폭탄과 코발트폭탄을 만드는 것이 아니라, 스스로 무언가를 함으로써 내적으로나 외적으로 진정한 평강을 얻을 수 있다고 생각하는 것입니다. 하나님을 잊어버린 것입니다. 자기 자신과 자신의 내적인 힘을 믿는 것입니다.

　오, 이사야서의 이 위대한 장을 좀 더 살펴보고 싶습니다만, 지금은 여기까지만 이야기하겠습니다. 성경은 하나님이 이 같은 어리석음을 허용치 않으신다고 말합니다. "풀은 마르고 꽃이 시듦은—왜 마르고 시들까요?—여호와의 기운이 그 위에 붊이라"^{7절}. 유토피아를 만들기 위해 이런저런 계획을 세우고 노력할 수 있습니다. 그런데 여호와의 기운이 그 위에 불어 닥칩니다.

성경은 이렇게 이사야의 메시지를 받는 사람들의 형편을 서술하고 있습니다. 그리고 세 번째로 그들이 받은 메시지의 내용을 알려 주는데, 그 내용이 무엇보다 놀랍습니다. 이 메시지의 첫째가는 주요 특징이 무엇입니까? 자, 이 메시지는 "너희는 위로하라. 내 백성을 위로하라……"라는 말로 시작되고 있습니다. 얼마나 굉장한 말입니까! 이런 형편에 있는 자들에게, 자신들의 죄악과 죄와 어리석음과 반역 때문에 노역의 상태에 빠져 있는 자들에게, 이런 역도들에게, 이런 비참한 자들에게 위로하라는 메시지를 주시는 것입니다. 이런 자들을 찾아가서 "위로하라"라는 것입니다.

좀 더 나아가 봅시다. 흠정역^{KJV}이 "너희는 예루살렘에 편히 말하며"라고 기록하고 있는 구절은 사실 "너희는 예루살렘의 마음에 닿도록 말하며"^{우리말 개역개정}라고 번역되어야 합니다. 이 얼마나 놀라운 말씀인지 모릅니다. 이것은 하나님이 단순히 위대하고 지적인 철학의 형태로 메시지를 주시지 않는다는 뜻입니다. 그는 난해한 사상들을 생각하라고 사자들을 보내지 않으셨습니다. 그렇습니다. 그는 사랑의 하나님으로서, 우리가 마음에 어려움을 겪고 있다는 것과 힘들고 지쳐 있다는 것, 노역에 시달리느라 기운도 다 쓰고 돈도 다 써 버렸다는 것, 무기를 다 잃고 패배했다는 것을 아십니다. 그래서 하시는 일이 무엇입니까? 가장 절실한 순간에 우리 마음에 닿는 말씀을 주시는 것입니다. 하나님의 메시지는 그리스도 안에서, 우리가 있는 바로 그 자리로 찾아옵니다. 예루살렘을 떠나 여리고로 내려가던 한 사람에 대한 완벽한 그림을 통해 주님이 친히 말씀해 주신 그대로입니다. 그 사람은 강도를 만나 상처를 입고 길바닥에 버려졌습니다. 어떤 이들은 그를 보고서도 그냥 지나쳐 버렸지만 주님이 칭찬하신 한 사람은 길을 건너 그가 쓰러져 있는 자리로 찾아갔고, 그의 상처를 씻어서 싸매 준 다음 주막에 데려다 주었으며, 그 대신 값을 치러 주었습니다. 쓰러져 있는 바로 그곳에 찾아가, 쓰러져 있는 바로 그 상태를 해결해 준 것입니다. 복음이 하는 일이 바로 이것입니다. 복음은 예루살렘의 마음에 닿도록 말합니다. 우리가 아무리 슬프고 힘들어도, 그리스도의 복음은 놀랍게도 바로 그 상태에 있는 우리를 찾아옵니다.

다시 말해서, 하나님은 우리를 속속들이 알고 계십니다. 우리의 형편을 아시고, 큰 위로의 메시지를 보내 주십니다. 반복하지만, 근본적으로 이 메시지는 우리 힘으로 구원 얻을 것을 요구하지 않습니다. 기진맥진한 사람에게 그런 요구를 하는 것이 무슨 의미가 있겠습니까? 제가 제시한 첫 번째 그림이 맞다면, 우리가 정말 노역의 상태에 빠져 있다면, 지친 패배자로서 한시도 더 버티기 힘든 형편이라면, 그런 우리한테 "이보시오, 이 새로운 철학을 붙잡으시오. 이 새로운 도덕을 붙잡으시오. 새사람이 되어 다른 삶을 시작하시오"라고 말하는 것이 무슨 의미가 있겠습니까? 우리는 이미 그런 시도를 해

보았고 실패를 겪었습니다. 그러나 감사하게도 복음 메시지는 그런 것이 아닙니다.

복음은 권고나 호소가 아닙니다. 여러분과 제가 실천해야 하는 누군가의 새롭고 놀라운 발상이나 새로운 종류의 프로그램을 알리는 것도 아닙니다. 그렇습니다. 복음이 그런 것이라면 우리에게 무슨 위로가 되겠습니까? 특히 저는 십계명과 산상설교를 보면서 위로를 받은 적이 한 번도 없습니다. "너희도 온전하라"라는 말을 듣는 것 자체는 큰 위로가 되지 못합니다^{마 5:48}. 그러나 복음이 이런 말을 하기 전에 먼저 해주는 말이 있습니다. 여기 나오는 "위로하라"라는 말씀과 그다음에 반복되고 있는 "내 백성을 위로하라"라는 말씀이 전해주는 크고 좋은 소식이 바로 그것입니다. 복음은 유한한 세상에 들려온 소식 중에 가장 크고 놀랍고 좋은 소식을 선언하며 선포합니다.

그 좋은 소식이 무엇일까요? 여기 두 구절에 그 대답이 나와 있으며, 그중에서도 두 단어에 집약되어 있습니다. 먼저 나오는 단어는 **"사함"**입니다. "그것에게 외치라……그 죄악이 사함을 받았느니라." 우리는 우리 행위의 결과로 노역의 상태에 빠지게 되었습니다. 우리의 죄와 죄악으로 인해 그에 합당한 열매를 거두게 되었습니다. "죄의 삯은 사망이요"^{롬 6:23}. 우리는 지금 삯을 받고 있는 것에 불과합니다. 일요일 아침에 일어났는데 머리가 깨어지게 아픈 사람은 그 전날밤의 행동에 대한 삯을 받고 있는 것입니다. 현재의 도덕적 혼란은 사람들이 지금까지 저지른 짓들에 대한 삯입니다. 그들은 결과를 생각하지 않았습니다. 모든 곤경과 모든 논쟁, 모든 불행과 다툼이 다 어디에서 비롯되었습니까? 지금 그것을 겪고 있는 바로 그 사람들의 행동에서 비롯되었습니다. 이것은 죄의 결과입니다. 그러나 하나님은 우리가 이런 사람들인데도 기꺼이 용서해 주겠다고 말씀하십니다. 이것이 "사함"이라는 단어의 의미이며, 우리에게 주시는 메시지의 내용입니다.

이러한 노역에서 벗어나 구원을 경험하는 첫 단계는 죄를 해결하는 것입니다. 뒤죽박죽 엉망진창인 노역의 상태에 빠져 우리는 완전히 실패해 버렸습니다. 스스로 도우려야 도울 수가 없습니다. 그렇다고 남의 도움을 받을 수도 없습니다. 온 세상이 하나님의 심판 아래 있기 때문입니다^{롬 3:19 참조}. 지금까지 제가 강조했듯이, 모든 사람이 비참한 상태에 빠져 있습니다. 그렇다면 어떻게 이런 상태에서 벗어날 수 있을까요? 대답은 한 가지뿐입니다. 하나님과의 관계를 바로잡는 것입니다. 이 모든 결과가 생긴 것은 하나님과의 관계가 잘못되었기 때문입니다. 그러므로 여기에서 벗어나는 유일한 방법은 처음부터 다시 시작하는 것, 실패한 장소로 되돌아가 하나님과의 관계를 바로잡는 것뿐입니다. 그런데 우리는 관계를 바로잡을 수가 없습니다. 바로 이 지점에 복음 메시지가 찾아와, 하나님이 이미 바로잡으셨다고 알려 줍니다. 하나님은 "예루살렘에 그 죄악이 사함 받았다고 말하라"라고 하십니다. 하나님, 우리가 거스른 바로 그 하나님이 우리를 사해 주겠다고, 그것도 값없이 사해 주겠다고 하십니다. 그는 우리에게 무엇을 하라고 요구하지 않으십니다. 오직 "보라, 내가 너를 용서한다"라고 하십니다.

그다음 말씀—훨씬 더 놀라운 말씀—도 들어 보십시오. 하나님은 이미 만족할 만큼 벌했기 때문에 용서한다고 말씀하십니다. "그의 모든 죄로 말미암아 여호와의 손에서 벌을 배나 받았느니라." 그의 공의는 만족되었습니다. 이것이 복음의 핵심입니다. 하나님은 그냥 "그래, 용서해 주마"라고 하기로 결정하신 것이 아닙니다. 그렇습니다. 하나님은 그렇게 하실 수가 없습니다. 하나님은 공평하고 거룩하고 의로운 분이십니다. 그는 죄를 벌하겠다고 말씀하셨고, 실제로도 죄를 벌하십니다.

여러분은 물을 것입니다. "그런데 어떻게 우리를 용서하실 수 있지요?"

그 방법은 죄에 상응하는 벌을 주시고, 그것에 만족하시는 것입니다.

"그 말이 무슨 뜻입니까?"라고 묻는 분이 있을 것입니다.

이 말은 2,000년 전 예루살렘 밖 갈보리 언덕 위 십자가에서 일어난 일을 달리 표현한 것에 지나지 않습니다. 하나님의 아들이 나무에 못 박히셨습니다. "나의 하나님, 나의 하나님, 어찌하여 나를 버리셨나이까?"라고 외치시는 소리가 들렸습니다^{막 15:34}. "다 이루었다"라고 말씀하시는 소리가 들렸습니다^{요 19:30}. 무엇을 다 이루셨다는 것입니까? 죄악을 다 처리하셨다는 것입니다. 하나님은 유일하신 독생자 안에서 죄악을 벌하셨고, 그것에 만족하셨습니다. 그의 공의는 완전하게 충족되었습니다. 그리스도의 죽음만으로 충분합니다. 우리의 죄는 이미 처리되었습니다. 예수의 피로 다 씻겨 나갔습니다. 그랬기 때문에 하나님이 사함과 용서를 선언하시는 것입니다. 하나님과 우리를 갈라놓았던 바로 그 원인이 처리되었습니다. 하나님께 나아가는 길이 다시 열렸습니다. 그 아들 예수 그리스도 안에서 우리는 하나님과 화목케 되었습니다. 사함을 받은 것입니다!

2절에 나오는 두 번째 단어는 "**끝났고**"입니다. 이제 우리의 형편은 달라졌습니다. "너희는 예루살렘의 마음에 닿도록 말하며 그것에게 외치라.—무엇이라고 외칩니까?—그 노역의 때가 끝났고." 이제는 노역이 끝났다는 것입니다. 이제는 우리의 형편이 완전히 달라졌다는 것입니다. 이것이 복음의 다음 단계입니다. 바울은 말합니다. "우리가 믿음으로 의롭다 하심을 받았으니……하나님과 화평을 누리자"롬 5:1. 우리는 과거의 무서운 상태에서 벗어나 완전히 다른 상태로 옮겨졌습니다. 어느 누구도 기독교가 단순히 죄 사함만 선언한다고 말해서는 안 됩니다. 죄 사함은 출발점일 뿐입니다. 죄 사함을 받는 데서 끝나면 안 됩니다. 하나님이 여기에서 제안하시는 것은 여러분을 노역에서 끌어내 새로운 상태로 옮겨 주시겠다는 것입니다.

다음과 같이 설명해 보겠습니다. "그의 모든 죄로 말미암아 여호와의 손에서 벌을 배나 받았느니라"라는 2절 말씀을 어떻게 해석하겠습니까? 하나님이 그 백성의 죄를 배나 벌하셨다는 것은 꼭 두

배로 벌하셨다는 뜻이 아니라 기꺼이 용서하실 만큼 충분히 벌하셨다는 뜻이라고 말하는 이들이 있습니다. 좀 전에 말했듯이 어떤 의미에서는 맞는 말입니다. 그러나 저는 여기에 또 다른 뜻이 들어 있다고 생각합니다. 제가 생각할 때 이 구절의 뜻은 "예루살렘에 그들이 두 배의 축복을 받았다고(여호와의 손에서 곧 받을 것이며, 지금 이미 받고 있다고) 말하라"라는 것입니다. 그들이 받을 축복은 그들이 지은 죄만큼의 축복이 아니라 그 배나 되는 축복입니다. 물론 이 경우에도 꼭 두 배라는 뜻은 아닙니다. 그들이 아무리 끔찍한 죄를 지었어도, 하나님의 은혜와 사랑은 그것을 전부 덮고도 남을 만큼 더 크다는 뜻입니다. 바울의 말을 들어 보시기 바랍니다. "죄가 더한 곳에 은혜가 더욱 넘쳤나니"^{롬 5:20}. 하나님은 그리스도의 죽음으로 형벌을 면해 주시고 우리를 용서해 주셨을 뿐 아니라 "그의 은혜의 풍성함을 따라" 무한히 더 많은 것을 주셨습니다^{엡 1:7}.

바울은 에베소서에서 다음과 같이 말하고 있습니다. "내가 복음 전하는 자로서 전하는 것이 무엇인가? 자, 나의 특권은 '측량할 수 없는 그리스도의 풍성함을 이방인에게 전하'는 것이다"^{엡 3:8}. 이 말이 무슨 뜻일까요? 이 질문에 온전히 대답할 수 있는 사람은 아무도 없을 것입니다. 그러나 그 뜻의 일부는 지금 제가 이야기하고 있는 바로 이것입니다. 즉, 노역이 이렇게 끝난다는 것입니다. 여러분은 자신이 새사람이 되었음을 발견합니다. 자신도 자신을 알아보지 못할 정도입니다. 새 본성과 새 마음, 새 시각, 새 소원이 생겨납니다.

그뿐만이 아니라 힘도 생겨납니다. 능력도 생겨납니다. 전에는 유혹이 올 때마다 넘어졌지만 이제는 능히 맞설 수 있습니다. 전에 늘 실패했던 자리에서 이제는 승리할 수 있습니다. 그리고 감당하기 힘들 만큼 큰 축복이 임합니다. 하나님이 자신의 머리털까지 다 세고 계심을 발견합니다. 전에는 맛보지 못했던 위로와 위안을 발견합니다. 성경이 더 이상 지루한 책이 아니라 생생한 책이 되어 즐겨 읽게 되었음을 발견합니다.

기도하기 시작하고, 하나님을 알아 가기 시작합니다. 상실과 슬픔의 시간에도 자기 혼자 버려져 있지 않음을 알며, "형제보다 친밀"한 친구가 함께 계심을 압니다^{잠 18:24}. 밤에 집에서 혼자 지내는 시간이 더 이상 지루하지 않습니다. 밤마다 뛰쳐나가 영화를 보든 무엇이든 하지 않으면 미칠 것 같았던 느낌도 더 이상 들지 않습니다. 이제는 새롭게 생각할 거리가 생겼습니다. 자신과 하나님에 대해, 자신과 하나님의 관계에 대해, 이 놀라운 삶에 대해 묵상하게 되었습니다.

또한 이것은 하나님이 자신을 위해 예비해 놓으신 모든 것의 한낱 맛보기에 지나지 않는다는 사실을 이해하기 시작합니다. 성경에서 다음과 같은 말씀들을 읽기 시작합니다. 하나님이 우리를 위해 예비하신 것은 "썩지 않고 더럽지 않고 쇠하지 아니하는 유업"으로서 "하늘에 간직"되어 있다는 말씀을 읽기 시작합니다^{벧전 1:4}. 이 세상의 삶은 장차 임할 크고 영광스러운 삶으로 들어가는 작은 대기실에 지나지 않는다는 사실을 깨닫기 시작합니다. 이제는 더 이상 죽음이 두

위로의
메시지

렵지 않습니다. 죽음이란 놀라운 영광에 들어가기 위해, 투쟁과 노역에서 벗어나 순수한 평강과 지복과 영광 속에서 그리스도와 함께 있기 위해 건너야 할 작은 개울에 지나지 않음을 깨닫습니다.

이것이 예수 그리스도의 복음이요, 그 복음의 의미입니다. 하나님이 친히 여러분과 저에게 이 모든 것을 말씀해 주고 계시며, 죄와 실패와 절망 속에 있는 우리에게 이야기해 주고 계십니다. 일어나지 못하는 우리에게 억지로 일어나라 하시는 것이 아니라 그 아들을 보내 일으켜 주겠다고 하시며, 그 아들이 우리의 죄악과 죄와 그에 따르는 모든 형벌을 담당하시고 그의 생명과 모든 풍성한 은혜를 준다고 하십니다. "배나 받았느니라."

2.

유일한
길

사 40:3-5

외치는 자의 소리여,
이르되 너희는 광야에서 여호와의 길을 예비하라.
사막에서 우리 하나님의 대로를 평탄하게 하라.
골짜기마다 돋우어지며 산마다 언덕마다 낮아지며
고르지 아니한 곳이 평탄하게 되며 험한 곳이 평지가 될 것이요
여호와의 영광이 나타나고 모든 육체가 그것을 함께 보리라.
이는 여호와의 입이 말씀하셨느니라.

지난번에는 모든 사람이 현재 상태 그대로 방치될 경우 기독교 메시지에 대해 아무것도 알지 못한 채 평생을 살아가게 된다는 점을 강조했습니다. 왜냐하면 우리는 전부 편견을 가진 존재들이기 때문입니다. 편견은 누구에게나 있는 것이므로, 자신은 그렇지 않다고 애써 주장해 봐야 소용이 없습니다. 편견은 인류 전체의 공통된 특징으로서, 성경은 왜 그런 편견이 생겨났는지 알려 주고 있습니다.

성경은 이 세상의 사고와 삶을 통제하는 강력한 권세가 있다고 말하며, 그 권세를 **마귀**라고 부르고 있습니다. 마귀가 하는 일 한 가지는 우리의 정신과 마음을 편견으로 채우는 것입니다. 하나님에 대한 편견, 주 예수 그리스도에 대한 편견, 기독신앙에 대한 편견으로 채우는 것입니다. 마귀의 목표는 사람들이 하나님께 나아가지 못하도록 막는 것으로서, 그 목표를 위해서라면 어떤 수단 방법도 가리지 않습니다. 그중에서도 가장 흔한 방법이 바로 기독교의 진정한 메시지를 완전히 곡해하는 잘못된 개념들로 우리의 정신을 채우는 것입니다.

우리는 이사야 40:1-2을 고찰하면서, 기독교는 인간이 발견하거나 창안해 낸 것이 아니며 인간의 행위에서 나온 것 또한 아님을 알게 되었습니다. 기독교는 전부 하나님이 하신 일에 대한 것입니다. 기독교 메시지는 이제 노역이 끝났고 우리 죄악이 사함을 받았다는 선언입니다. 그리고 무엇보다도 우리에게 큰 축복, 배나 되는 축복, 우리의 모든 죄책과 우리가 받아야 할 모든 형벌보다 무한히 더 큰 축복을 주신다는 위대한 선언입니다. 위대한 선포입니다. 바로 이것이 기독교입니다. 기독교는 여러분이 채택해서 엄청난 노력을 기울인 끝에 완수해 내는 프로그램이 아닙니다. 기독교 메시지는 언제 어디서든 준비만 되면 받아들일 수 있는 것입니다.

이렇게 말할 때 자연스럽게 제기되는 중요한 질문이 있습니다. 이 모든 일은 어떻게 가능한 것일까요? 기독교가 과연 이런 것이라면, 대체 무슨 방법으로 이렇게 하는 것일까요? 이제 함께 살펴볼 본문이 그 대답을 주고 있습니다. 본문은 하나님이 어떻게 이런 일을 하시는지 말해 줍니다. 어떻게 우리를 사하시며 값없이 용서해 주시는지, 어떻게 우리의 형편을 바꾸어 새롭게 출발하게 하시고 새 생명을 주시는지, 어떻게 강력한 축복을 쏟아부으시는지 말해 줍니다. 이것은 아주 중요한 문제입니다. 이 모든 일이 어떻게 우리에게 임하는지 분명히 알지 못할 때, 실상은 그리스도인이 아닌데도 그리스도인인 것처럼 착각하는 자리로 오도되거나 미혹될 수 있기 때문입니다.

현재 우리는 매우 실제적인 위험에 봉착해 있습니다. 우리가 살고 있는 시대는 피곤한 시대입니다. 앞에서 살펴본 **노역**의 결과 이렇게 된 것입니다. 전쟁이 끝나면 언제나 이런 피곤이 찾아오는데, 20

세기처럼 두 차례의 세계대전을 겪고 난 후에는 특히 더 그렇습니다. 우리는 기진해 버렸습니다. 다양한 치료책들도 시도해 보았고 사람들의 이런저런 약속들도 의지해 보았지만, 그들이 약속한 좋은 시절은 도무지 올 것 같지가 않습니다. 이제는 더 이상 강구할 방법조차 없습니다. 상황이 이렇다 보니 누가 무엇을 제시하기만 하면 거의 아무거나 믿으려 들고 붙잡으려 듭니다.

동시에 다음과 같이 말하는 사람들도 많이 있습니다. "그래요, 저도 하나님을 알고 싶습니다. 하나님의 축복을 받고 싶고, 당신이 말하는 그런 축복들을 받고 싶습니다. 위로와 평강과 죄 사함을 받고 싶습니다."

자, 좋습니다. 그러려면 이 모든 축복들을 얻을 수 있는 방법이 무엇인지 반드시 알아야만 합니다. 우리는 오직 하나님이 정하신 방법으로만 이 축복들을 얻을 수 있습니다. 어떤 의미에서는 바로 이것이 성경, 특히 신약성경의 큰 메시지라고 할 수 있습니다. 우리가 지금 살펴보려는 본문이 아주 쉽게 설명해 주고 있는 점도 이것입니다. 본문은 우리 주와 구주 되신 예수 그리스도 안에서만, 오직 그를 통해서만 이러한 구원의 축복이 임한다는 사실을 밝히고 있습니다. 그를 떠나서는 이러한 축복이 임하지도 않고 임할 수도 없습니다.

좀 더 구체적인 내용을 다루기 전에 간단한 질문을 드리겠습니다. 여러분은 하나님이 주시는 이 축복을 소원합니까? 아니면 이미 구원의 축복을 받았다고 생각합니까? 여러분은 자신을 그리스도인으로 여기고 있습니까? 혹시 그것이 착각은 아닌지 확인해 볼 간단한 검증방법이 있습니다. 예수 그리스도는 여러분의 삶에서 어떤 위치를 차지하고 있습니까? 절대 없어서는 안 될 존재입니까? 그가 없으면 여러분의 믿음과 삶 전체가 무너져 버립니까? 그리스도인은 그렇다고 대답하는 사람입니다.

그러므로 예수 그리스도 없이 곧장 하나님께 축복을 받을 수 있다고 생각하는 것이 얼마나 위험한 짓인지 이제 알 것입니다. 제가 아는 사람들 중에도 이렇게 생각하는 이들이 많이 있습니다. 숱한 이들이 저에게 "전 교회에도 다니지 않고 어떤 의미에서는 그리스도인으로 자처하지도 않지만, 하나님을 믿고 규칙적으로 기도도 합니다. 예배당엔 가지 않아도 기도는 늘 하지요. 전 하나님이 절 축복하시고 제 기도에 응답하신다고 믿습니다"라고 말하곤 합니다. 그럴 때 제가 묻는 말은 "좋습니다. 그러면 주 예수 그리스도는 믿으십니까?"라는 것입니다. 그러나 사람들은 이 이야기를 하고 싶어 하지 않습니다.

"그리스도가 꼭 필요한가?"라는 이 질문을 스스로 던져 보는 것이 아주 유익합니다. 전에도 이 자리에서 종종 언급했지만, 다시 한 번 말씀드리겠습니다. 사람들이 저에게 이런 말을 할 때 제가 하는 일은 그저 간단한 질문을 던지는 것입니다.

"당신이 오늘밤 죽어서 하나님 앞에 선다면 무엇을 의지하시겠습니까?"

그러면 "글쎄요, 저는 항상 선한 삶을 살려고 애써 왔습니다. 남들에게 해를 끼치지 않으려고 애써 왔지요"라고 대답하는 경우가 많습니다. 저는 이렇게 대꾸합니다.

"그렇다고 스스로 완벽하다고 주장할 수는 없지 않습니까?"

"오, 그럴 순 없지요!"

"그러면 잘못을 한 적이 있다는 겁니까?"

"그럼요."

"죄도 지었고요?"

"그렇지요."

"자, 그렇다면 그 죄는 어떻게 하시겠습니까?"

"글쎄요, 전 하나님이 용서해 주실 것을 믿습니다. 하나님은 사랑의 하나님이시니까, 제 죄를 고백하고 용서를 구하면 들어주실 겁니다."

그래서 그것이 전부냐고 물으면 "네, 제가 의지하는 건 바로 그겁니다"라고 말합니다.

저는 "더 이상 하실 말씀은 없나요? 하나님이 그렇게 해주시리라 확신하십니까?"라고 묻습니다. 그러면 그들은 대답합니다.

"그렇고말고요. 그는 사랑의 하나님이시니까요."

아무리 이런저런 질문으로 다그쳐 보아도 돌아오는 대답은 항상 똑같습니다. 요점이 무엇인지 아시겠습니까? 예수 그리스도는 단 한 번도 언급하지 않는다는 것입니다. 이렇게 말하는 사람들은 하나님의 사랑에 기대어 그가 무조건 자신들의 죄를 용서해 주실 것이라고 생각합니다. 그 사실이 저를 놀라게 합니다. 그러므로 다시 한번 노골적이고 적극적으로 주장하겠습니다. 이 위로, 이 용서, 이 새로운 생명과 새로운 시각, 새로운 시작, 하나님의 축복, 이 모든 것은 주 예수 그리스도 안에서만, 오직 그를 통해서만 임하는 것입니다. 그를 떠난 구원은 있을 수 없습니다. 다른 방법으로 구원을 얻었다고 생각하는 사람은 스스로 속고 있는 것입니다. 그것은 심리적인 경험이지 기독교가 아닙니다. 저는 이 말을 하는 데 아무 주저함이 없습니다. 제 주장을 입증해 보이겠습니다. 본문을 보십시오. "외치는 자의 소리여, 이르되—그가 외치는 말이 무엇입니까?—너희는 광야에서 여호와의 길을 예비하라." 바로 이것이 구원이 임하는 방식입니다. 주가 오셔야 합니다. 주가 오시지 않으면 축복도 오지 않습니다.

이 또한 기독교 메시지의 중심이요 핵심이라고 저는 말하고 싶습니다. 무엇보다도 기독교는 완전히 새로운 일, 기이하고 놀라운 일, 동시에 중대한 일이 일어났다는 선언입니다. 성경이 두 부분—구약과 신약—으로 이루어져 있다는 것은 우리 모두 알고 있는 사실입니다. 우리는 신약성경을 새 언약, 새 질서라고 말합니다. 우리가 이런 용어를 쓰는 것은 지극히 마땅한 일입니다. 이사야의 이 예언, 이예비 선언이 일깨우는 바도 그것입니다. 하나님이 선지자에게 주신 말씀의 요지는 "가서 백성들에게 새 일이 일어난다고 말하라"라는 것입니다. 이것은 지극히 기이한 일, 들어 보지도 못했던 일, 상상하지도 못했던 일입니다.

그러므로 기독교와 기독교 메시지를 고찰할 때에 출발점으로 삼아야 하는 것은, 우리가 유일무이한 사건을 마주하고 있다는 이 사실입니다. 기독교 메시지는 독보적인 것이라는 이 사실입니다. 기독교 메시지는 어떤 철학의 가르침이나 인생관에도 속해 있지 않습니다. 기독교 메시지는 그 어떤 범주에도 속하지 않는 독특함과 차별성을 가지고 있습니다. "너희는 광야에서 여호와의 길을 예비하라." 크고 기이하고 비범한 분이 곧 오실 테니 예비하라는 것입니다. 이것은 선언입니다. 또한 기독교 메시지의 핵심이기도 합니다. 여러분은 구약성경에서 성도들과 족장들의 이야기, 하나님의 사람들과 선지자들의 이야기를 읽을 수 있으며, 위대한 지도자들의 이야기를 읽을 수 있습니다. 그리스도가 그들의 계열에 속하지 않은, 완전히 독보적인 분이라고 말한다고 해서 제가 그들의 위대함이나 가치를 폄하하는 것은 아닙니다.

성경이 아닌 바깥 세상에도 위대한 선생들이 있습니다. 위대한 이교도 철학자들이 있습니다. 작은 나라 그리스에도 자랑스러운 철학자들─플라톤, 소크라테스, 아리스토텔레스 등─이 있었고, 다른 나라들에도 여러 종교 지도자와 스승들─부처, 공자를 비롯한 여러 위인들─이 있었습니다. 저는 지금 그들을 비난하거나 그 가르침의 가치를 폄하하는 것이 아닙니다. 제가 여기에서 말하려는 바는, 나사렛 예수가 그들의 범주에 속하지 않는다는 것입니다.

우리는 기독교의 이런 유일무이한 특징을 감추려 드는 경향이 아주 많이 있습니다. 그리스도인이 되는 것이 곧 좋은 사람이 되는 것을 의미한다면, 기독교는 유일무이하다고 할 수 없습니다. 구약성경도 그런 이야기로 가득 차 있고, 그리스 철학도 그런 이야기—유토피아와 선한 삶, 이상주의에 대한 이야기—로 가득 차 있기 때문입니다. 안타깝게도 우리는 이 지점에서 길을 잃어버렸습니다. 여러분이 믿는 기독교가 이 세상에 단 한 번도 일어난 적이 없는 일이 일어났다는 선언으로 시작되지 않는다면, 반복하지만, 그것은 진정한 기독교가 아닙니다. 이것이 첫째로 강조해야 할 점입니다.

둘째로, 이 강력한 축복은 단순히 새롭고 기이하기만 한 것이 아닙니다. 하나님의 아들이 친히 세상에 오셨습니다. "외치는 자의 소리여, 이르되—그가 외치는 말이 무엇입니까?—너희는 광야에서 여호와의 길을 예비하라." 여호와! 여호와, 전능하신 주 하나님이라는 말보다 더 높고 크고 강력한 단어는 생각할 수 없습니다. 그런 분이 곧 찾아오신다는 것입니다. 그런 분이 지금 오고 계신다는 것입니다. 그러니 그의 길을 예비하라는 것입니다. 이것이 기독교 메시지입니다.

이것은 고대의 그림입니다. 고대세계에는 왕이나 주요 인사들이 여행할 때 미리 사람을 보내 길을 예비케 하는 관습이 있었습니다. 그때는 포장도로가 없었습니다! 길은 험하고 울퉁불퉁했으며 여기저기 패여 있었습니다. 그래서 이런 주요 인사들이 병거를 타고 행차할 때에는 덜컹거리지 않도록 준비를 해야 했습니다. 그 때문에 미리 사람들을 보내 길을 보수했던 것입니다. 아주 특별한 인물이 행차할 때 사람들은 그를 위해 아무도 다니지 않은 평평하고 순탄한 대로를 새로 닦았습니다. 대로—위대한 인물이 행차할 새 길—를 예비했습니다. 이사야 40:3이 보여주고 있는 그림이 바로 이것입니다.

하나님은 선지자에게 아주 특별한 길, 유일무이한 길이 필요함을 알리라고 하십니다. 왜 그런 길이 필요합니까? 전에 한 번도 오시지 않았던 분이 곧 행차하실 것이기 때문입니다. 더욱이 이것은 전에 한 번도 보지 못한 유형의 행차입니다. 하나님, 영원하신 하나님이 그 유일한 독생자를 하늘에서 땅으로, 유한한 세상으로 내려 보내시는 행차입니다. 바로 이것이 기독교입니다. 인간이 수고로운 발전의 과정을 거치거나 공부와 연구와 탐색의 결과로 마침내 어딘가에 도달하는 것이 아닙니다. 뛰어나게 명석한 한 인물이 남들보다 앞서서 하나님에 대해 무언가를 발견하는 것이 아닙니다. 그런 것은 기독교가 아닙니다! 오히려 기독교 진리와 정반대되는 것입니다.

그렇습니다. 기독교는 이것입니다. "때가 차매 하나님이 그 아들을 보내사 여자에게서 나게 하시고 율법 아래에 나게 하신 것은 율법 아래에 있는 자들을 속량하시고"^{갈 4:4-5}. "하나님이 세상을 이처럼 사랑하사 독생자를 주셨으니—하늘에서 땅으로 보내 주셨으니—"^{요 3:16}. 바로 이런 행차가 있을 것입니다. 바로 이런 분이 오실 것입니다. 이것은 전에도 없었고 앞으로도 없을 가장 경이롭고 중대한 사건입니다. 이것이 기독교의 복음 메시지입니다. 복음의 전적인 목적은 이 일이 문자 그대로 이루어졌음을 알리는 데 있습니다.

기독교 메시지는, 하나님은 사랑이시기 때문에 우리가 무릎을 꿇고 회개하면서 "용서해 주세요. 생명과 힘과 능력을 주세요"라고 말하기만 하면 기꺼이 들어주신다는 것이 아닙니다. 그렇습니다. 그 것은 기독교 메시지가 아닙니다. 기독교 메시지는 여러분과 제가 살고 있는 바로 이 세상에 하나님의 아들이 오셨다는 것, 베들레헴의 아기로 태어나 예수라는 이름을 얻은 그분이야말로 복되신 위격이 시라는 것, 세상과 만유가 그 안에서 지음을 받았으며 세상이 그로 말미암아 형성되었다는 것을 알려 주는 놀라운 메시지입니다. "태초 에 말씀이 계시니라. 이 말씀이 하나님과 함께 계셨으니 이 말씀은 곧 하나님이시니라.……지은 것이 하나도 그가 없이는 된 것이 없느 니라"요 1:1, 3. 세상에 오신 분은 바로 이런 분이십니다.

이처럼 기독교 메시지는 "말씀이 육신이 되어 우리 가운데 거 하"셨다는 것입니다요 1:14. 그야말로 온 세상이 생각지도 못했던 일, 손뼉을 치며 놀랄 일이 아닙니까? 여러분은 마치 이런 일이 일어나 지 않은 것처럼 그를 무시하며 사는 사람들을 이해할 수 있습니까? 그들은 그가 세상에 오신 이 일에 대해 아는 바가 전혀 없습니다. 그 래서 그들을 향해 "외치라"라고 명하는 것이며, 목청을 높여 소리치 면서 널리 선포하라고 명하는 것입니다. 기독교의 전적인 메시지는 2,000년 전에 이 유일무이한 사건이 일어났다는 것입니다. 성자 하나님이 세상에 오셨다는 것, 문자 그대로 아기의 모습으로 태어나셨다는 것입니다. "여호와의 길을 예비하라." 이것이 구원이 임하는 방식입니다. 단순히 하나님이 하늘에서 사랑으로 죄인을 굽어보시면서 "용서해 주겠다"라고 하시는 것이 아닙니다. 그런 것이 아닙니다. 하나님은 자신의 아들을 보내셨고, 아들은 세상에 와서 그 모든 일을 감당하셨습니다. 왜 그렇게 하셨습니까? 그것만이 우리에게 축복을 가져다줄 수 있는 유일한 방법이기 때문입니다. "너희의 하나님이 이르시되 너희는 위로하라. 내 백성을 위로하라. 너희는 예루살렘의 마음에 닿도록 말하며 그것에게 외치라. 그 노역의 때가 끝났고 그 죄악이 사함을 받았느니라. 그의 모든 죄로 말미암아 여호와의 손에서 벌을 배나 받았느니라." 예수가 중심입니다. 예수가 꼭 필요합니다. 구원은 전적으로 예수 안에 있는 것입니다.

아, 그렇습니다. 본문을 계속 살펴봅시다. 우리가 본문에서 발견하는 사실은 구원자가 오시려면 반드시 새 길을 예비해야 한다는 것입니다. "너희는 광야에서 여호와의 길을 예비하라. 사막에서 우리 하나님의 대로를 평탄하게 하라. 골짜기마다 돋우어지며 산마다 언덕마다 낮아지며 고르지 아니한 곳이 평탄하게 되며 험한 곳이 평지가 될 것이요―그렇게 되고 나면―여호와의 영광이 나타나고."

이 '새 길'은 두 가지 이유에서 꼭 필요합니다. 무엇보다 먼저 하나님의 아들이 세상에 오시기 때문에 꼭 필요합니다. 우리의 질문은 하나님이 어떻게 인간을 축복하실 수 있느냐 하는 것입니다. 이런 질문이 경건한 것일까요? 그렇습니다. 경건할 뿐 아니라 꼭 필요한 것입니다. 하나님은 거룩한 분이십니다. 절대적으로 의롭고 공평한 분이십니다. 그는 잘못 행하려야 행하실 수가 없습니다. 문제가 바로잡히지 않았는데 바로잡힌 척하실 수가 없습니다. 죄가 있는데 없는 것처럼 눈감아 주실 수가 없습니다. 그는 자신의 영광스러운 모든 속성과 완벽하게 일치하는 분이십니다. 그렇기 때문에 죄를 사해 주는 일이 하나님께도 문제가 되는 것입니다. 그는 율법을 주셨고, 율법을 지켜야 한다고 단언하셨습니다. 그런데 우리가 율법을 지킬 수 있습니까? 지킬 수 없습니다. 하나님이 모세를 통해 율법을 주심으로써 사람들은 그 내용을 상세히 알게 되었습니다. 그래서 그것을 지키려고 애를 써 보았지만 아무도 성공하지 못했습니다. "의인은 없나니 하나도 없으며"^{롬 3:10}. "모든 사람이 죄를 범하였으매 하나님의 영광에 이르지 못하더니"^{롬 3:23}.

그러면 이제 어떻게 해야 합니까? 다시 말하건대, 이 문제가 해결되려면 완전히 새로운 일, 유일무이한 일이 일어나야만 했습니다. 그 일이 무엇입니까? 이른바 성육신입니다. 그 성육신에 담긴 의미가 바로 "골짜기마다 돋우어지며 산마다 언덕마다 낮아지"는 것입니다. 평평한 대로, 평탄한 길, 왕이 오실 길을 닦으려면 낮추는 일도 필요하고 높이는 일도 필요한데, 성자 하나님이 세상에 오실 때에도 그렇게 낮추는 일과 높이는 일이 일어났습니다. 베들레헴 마구간 구유 안에 무력하게 누워 있는 아기 예수를 보십시오. 아기, 젖먹이 아기보다 더 연약하고 무력한 존재가 있습니까? 앞에서도 말했듯이, 그는 영원한 하나님의 아들이십니다. 말씀이십니다. 영원한 말씀이십니다. 만물이 그를 통해, 그로 말미암아 지어졌고 그로 말미암아 존재하며 유지되고 있습니다. 그런데 그런 분이 아기가 되어 누워 계신 것입니다. 이것이 대체 무슨 일입니까? 산과 언덕이 낮아지는 이 원리가 보이지 않습니까? 사도 바울에게 성육신을 설명해 달라고 부탁하면 아마 이렇게 말할 것입니다. "그는 근본 하나님의 본체시나 하나님과 동등됨을 취할 것으로 여기지 아니하시고 오히려 자기를 비워……"빌 2:6-7. 영원한 속성을 가지신 분이 자기를 낮추어 아기가 되셨습니다. 영원한 영광의 표시와 표지를 내려놓으셨습니다. 명백한 하나님의 속성과 얼굴의 광채를 벗어 버리셨습니다. 그것들을 다 벗으시고 인간의 본성을 입으셨습니다. 바로 이것이 신약성경의 가르침입니다. 바로 이것이 예수 그리스도의 복음입니다. 하나님이신 분이 동시에 인간이 되셨습니다. 산과 언덕이 낮아졌습니다. 하나님이 자신을 낮추셨습니다. 하늘에서 내려와 우리 가운데 거하셨습니다.

또 다른 측면도 잠시 살펴보시기 바랍니다. 성경은 "골짜기마다 돋우어지며"라고 말합니다. 바로 이것이 성육신의 놀라운 부분이며, 동정녀 탄생에 담긴 의미입니다. 천사가 지상에서 주님의 모친이 될 마리아를 찾아와 전한 메시지가 무엇이었는지 기억하십니까? 천사 가브리엘은 바로 이 부분을 분명하고 명백하게 밝혀 주었습니다. 그는 마리아를 "은혜를 받은 자"라고 불렀습니다. "마리아여, 무서워하지 말라. 네가 하나님께 은혜를 입었느니라. 보라, 네가 잉태하여 아들을 낳으리니 그 이름을 예수라 하라. 그가 큰 자가 되고 지극히 높으신 이의 아들이라 일컬어질 것이요 주 하나님께서 그 조상 다윗의 왕위를 그에게 주시리니 영원히 야곱의 집을 왕으로 다스리실 것이며 그 나라가 무궁하리라."

이 말을 들은 마리아는 깜짝 놀라 물었습니다.

"나는 남자를 알지 못하니 어찌 이 일이 있으리이까?"

그러자 천사가 대답했습니다.

"성령이 네게 임하시고 지극히 높으신 이의 능력이 너를 덮으시리니 이러므로 나실 바 거룩한 이는 하나님의 아들이라 일컬어지리라"^{눅 1:30-35}.

이사야의 예언은 정확하게 이루어졌습니다. 골짜기가 돋우어졌습니다. 마리아가 사촌 엘리사벳을 찾아갔을 때, 엘리사벳도 같은 말을 했습니다. "여자 중에 네가 복이 있으며 네 태중의 아이도 복이 있도다"^{눅 1:42}. 마리아 자신도 이 놀라운 축복을 어느 정도는 깨닫고 있었습니다. 육신적으로 하나님의 아들을 잉태하는 특권이 비천한 처녀에게 주어졌습니다. 창조자가 한 여인의 태중으로 들어가셨습니다. "골짜기마다 돋우어지며." 낮추는 일이 일어났고, 높이는 일이 일어났습니다. 이를테면 인간의 본성이 하나님께 붙들린 바 된 것입니다. 이것은 성경의 큰 주제입니다. 히브리서 기자는 2장에서 하나님이 천사들이 아닌 아브라함의 자손을 다시 살리시기 위해 도움의 손길을 뻗으셨다고 말합니다[16절].

"골짜기마다 돋우어지며 산마다 언덕마다 낮아지며." 여러분과 제가 축복을 받기 위해서는 이런 일이 먼저 일어나야 했습니다. 하나님이 독생자를 세상에 보내 주셨다는 사실을 모르는 사람은 축복도, 용서도, 구속도, 새 생명도 받을 수 없습니다. 주님이 요단 강에서 세례 요한에게 세례를 받으실 때 하늘에서 들려온 음성이 있습니다. "너는 내 사랑하는 아들이라. 내가 너를 기뻐하노라"[눅 3:22]. 처음에 제가 그를 유일무이한 분이라고 말한 이유가 바로 이것입니다. 새 길이 생겨났습니다. 새 일이 일어났습니다. 하나님의 아들이 오셨습니다. 환영(幻影)이나 일종의 신현(神現)으로 나타나신 것이 아니라 신인(神人)—나누어지지 않는 두 본성을 한 위격 안에 지니신 분—으로, 완전한 인간이자 완전한 하나님으로 오셨습니다. 그는 하나님의 축복이 임할 수 있는 유일한 새 대로입니다. 이 사실을 반드시 믿어야 합니다. 이 축복을 받으려면 믿어야 합니다. 이것은 기도한다고 해서 되는 일이 아닙니다. "마음을 하나님께 드린다"고 해서 되는 일이 아닙니다. 용서를 구한다고 해서 되는 일이 아닙니다. 하나님이 우리를 용서하실 수 있는 길은 오직 이것뿐입니다.

같은 유형의 일들이 어떻게 계속되었는지, 하나님의 아들이 어떻게 자신을 낮추어 지상의 부모에게 순종하셨는지, 어떻게 "죄인들이 이같이 자기에게 거역한 일"을 참으셨는지[히 12:3], 얼마든지 더 이야기해 드릴 수 있습니다. 그리고 최후에 어떻게 아무 힘도 능력도 없는 사람처럼 십자가 죽음을 받아들이시고 "정말 그리스도라면 자기를 구원해 보라고 해. 남은 구원했으면서 자기는 구하지 못하잖아. 어디 한번 내려와서 그리스도라는 증거를 대 보라고 해"라며 비아냥거리는 소리, 비웃고 조롱하는 소리를 들으셨는지도 이야기해 드릴 수 있습니다. 그는 십자가에서 내려오지 않으셨습니다. 자신이 온 목적이 바로 그 죽음에 있었기 때문입니다. 그리고 그는 다시 살아나셨습니다. 낮춤과 높임, 이 두 요소가 복음의 전부를 이루고 있습니다. 기독교와 같은 것은 세상 어디에도 없습니다. 이런 메시지를 전하는 곳은 세상 어디에도 없습니다. 하나님의 독생자가 육신으로 오셔서 십자가에 죽어 무덤에 장사되시고 영광스러운 부활로 다시 살아나심으로써 우리를 구원하시고 해방하신다는 메시지는 세상 어디에도 없습니다.

　마지막으로, 하나님의 아들이 여러분이나 저의 마음과 삶에 들어오시기 위해서도 이 새 길은 꼭 필요합니다. 세례 요한은 하나님의 아들이 오시기 직전에 그의 길을 예비한 선구자였습니다. 그가 전한 메시지도 바로 이것이었습니다. 그는 "광야에서 외치는 자의 소리"였습니다. "너희는 주의 길을 준비하라. 그의 오실 길을 곧게 하라"눅 3:4. 그가 전한 것이 무엇입니까? "죄 사함을 받게 하는 회개의 세례"입니다눅 3:3. 요한은 말했습니다. "그가 곧 오신다. 메시아, 구원자, 구속자가 곧 오신다. 그를 알고 싶고 경험하고 싶다면, 그가 주시는 구원을 받고 싶다면 장차 올 진노를 피할 길을 찾아라!"^{눅 3:7 참조} 즉, 회개하라는 것입니다!

요한이 말하는 회개가 무엇입니까? 누가복음 3장에 다 나와 있습니다. 여기에서 회개하라는 것은 하나님의 율법을 다시 인정하라는 뜻입니다. 그는 청중을 향해, 하나님의 율법을 거역하는 자는 아무리 아브라함이 자기 조상이라고 우겨 봐야 소용이 없다고 말했습니다. "이미 도끼가 나무뿌리에 놓였으니." 이것은 연기나 위장으로 모면할 수 있는 문제가 아닙니다. 하나님의 율법이 거룩하다는 것, 하나님은 의로우시고 진실하시다는 것을 다시 인정해야 합니다. 이제껏 가지고 있었던 모든 자신감에 종지부를 찍어야 합니다.

사람들은 요한에게 나아와 "우리 조상은 아브라함"이라고 말했습니다. 그러나 요한은 "아니, 하나님은 이 돌들을 가지고서도 아브라함의 자손을 만드실 수 있다"라고 반박했습니다.

다시 말해서, 이 축복을 받고 싶은 사람은 자신이 이제껏 행했던 선한 일들이 아무 가치도 없다는 사실을 깨달아야 한다는 것입니다. 그런 일들은 다 더러운 누더기에 불과합니다. 자신이 잉글랜드나 웨일스나 스코틀랜드나 아일랜드 사람이라는 사실, 또는 어떤 기독교 국가의 국민이라는 사실에 더 이상 의존해서는 안 됩니다. 그런 것들이 다 쓸모없고 가치 없는 일임을 알아야 합니다. 자신을 믿거나 부모를 믿거나 조상과 다른 어떤 것을 믿는 마음을 전부 내버려야 합니다. 위선도 즉각 내버려야 합니다. 하나님 앞에는 가장(假裝)이 통

유일한
길

하지 않습니다. "이미 도끼가 나무뿌리에 놓였으니." 겉만 깎아서 다듬는 것이 아닙니다. 기초 자체를 조사하십니다. 요한은 말했습니다. "그렇다. 나는 지금 길을 예비하고 있다. 주님이 너희 삶에 들어가 너희를 구속하시기 위해서는 먼저 이 일이 있어야 한다. 나는 그 기초를 놓기 위해, 그분께 합당한 유일한 기초를 놓기 위해 여기 있는 것이다."

하나님의 축복도 받고 자신이 아끼는 죄도 붙잡을 수 있다고 생각하는 사람은 스스로 속고 있는 것입니다. 여전히 과거와 똑같이 살면서 "네, 저는 그리스도를 받아들이며, 저를 그분께 드립니다"라고 말하면 된다고 생각하는 사람은 착각하고 있는 것입니다. 여러분, 다른 것은 몰라도 기독교가 말하는 구원은 그런 것이 아닙니다. "이미 도끼가 나무뿌리에 놓였으니."

요한은 말했습니다. "나는 물로 너희에게 세례를 베풀거니와 나보다 능력이 많으신 이가 오시나니 나는 그의 신발끈을 풀기도 감당하지 못하겠노라. 그는 성령과 불로 너희에게 세례를 베푸실 것이요 손에 키를 들고 자기의 타작마당을 정하게 하사 알곡은 모아 곳간에 들이고 쭉정이는 꺼지지 않는 불에 태우시리라"^{눅 3:16-17}. 그는 키질을 하실 것입니다. 알곡은 골라내고 쭉정이는 태우실 것입니다. 그는 속지 않으십니다. 그는 하나님이십니다. 모든 것을 보고 계시며 알고 계십니다.

요한은 회개를 촉구했습니다. "거룩하신 하나님 앞에서 너희가 죄인임을 알아야 한다. 더 이상 변명해서는 안 되며, 자신의 선이든 남의 선이든 의지해서는 안 된다. 하나님 앞에서 너희가 지옥에 떨어져 마땅한, 비참하고 형편없는 죄인이요 악한 죄인임을 알아야 한다. 그것을 인정하고 고백할 때 비로소 그를 맞이할 준비가 되는 것이다."

다른 것을 바라보거나 붙잡고 있는 사람에게는 당연히 그가 필요치 않습니다. 그는 걸인과 죄인을 위해 오신 분입니다. 그는 말씀하셨습니다. "건강한 자에게는 의사가 쓸데없고 병든 자에게라야 쓸데 있느니라.……나는 의인을 부르러 온 것이 아니요 죄인을 부르러 왔노라"마 9:12-13. 그는 도덕적으로나 영적으로 추락한 자와 쫓겨난 자, 아무것도 가진 것 없는 자를 위해 오신 분입니다. 이분을 여러분의 마음으로 모실 수 있는 대로는 오직 하나뿐입니다. 그에게 이렇게 아뢰십시오.

아무 변명할 것 없는 날 위해
주 보혈 흘려 주시고
또 나를 오라 하시니
오, 하나님의 어린양이여, 주께로 제가 갑니다.

— 샬럿 엘리엇Charlotte Elliott

이처럼 하나님의 아들이 하늘에서 땅으로 내려오시기 위해서는

유일한
길

새 길이 반드시 있어야 합니다. 또한 그가 여러분의 삶과 마음속으로 들어와 여러분을 변화시키시며 용서와 새 생명과 그가 주고자 하시는 모든 축복을 주시기 위해서도 이 새 길이 반드시 있어야 합니다. "산마다 언덕마다 낮아지며." 그리스도 앞에서는 종교적인 사람이나 그렇지 못한 사람이나 아무 차이가 없습니다. 교회에 매주 출석했든지 평생 한 번도 가지 않았든지 전혀 문제가 되지 않습니다. 어느 쪽이든 아무 차이가 없습니다. 종교적인 양육을 받았는데 그리스도를 믿지 않는 사람이나 인생 맨 밑바닥 출신이나 똑같습니다. 아무 차이가 없습니다. "산마다 언덕마다 낮아지며." 그리스도로 인해 이처럼 낮아지는 경험을 하지 않은 사람은 그를 모르고 있는 것이며, 그의 축복도 받지 못한 것입니다.

그러나 여러분이 자신의 죄성과 어둠과 악함을 고통스럽게 인식하고 있다면, 기쁘게 말씀드리건대 그리스도 안에서 "골짜기마다 돋우어"지는 일이 일어날 것입니다. 그가 여러분을 일으켜 주실 것입니다. 깨끗이 씻어 주실 것입니다. 그의 의를 입혀 주심으로 본인조차 자기 모습을 알아보지 못하게 될 것입니다. 이것이 기독교의 구원 메시지입니다. 우리가 연약하고 무력한 죄인임에도 하나님의 아들이 우리를 구원하고 구속하기 위해 세상에 오셨다는 것이야말로 우리 모든 사람에게 주시는 위로입니다. 그는 우리의 본성을 입으셨을 뿐 아니라 우리 죄로 인해 죽으셨으며, 장차 우리를 다시 살려 주실 것입니다. 이처럼 하나님의 아들이 사람의 아들 되심으로써, 죄로 가득 찬 사람의 아들을 하나님의 아들 되게 해주셨습니다.

여러분은 하나님의 자녀입니까? 하나님의 자녀가 되는 유일한 조건은 여러분의 힘으로 도저히 해결할 수 없는 절실한 필요가 있다는 사실을 인정하는 것, 그가 이미 하신 일과 여러분을 위해 하실 수 있는 일, 여러분 안에서 하실 수 있는 일—구하기만 하면 해주실 일—이 있다는 사실을 전적으로, 철저하게 인정하는 것입니다. 지금 그분께 구하십시오.

3.

하나님의
영광

사 40:5

여호와의 영광이 나타나고
모든 육체가 그것을 함께 보리라.
이는 여호와의 입이 말씀하셨느니라.

이제 이 위대한 장의 5절을 살펴볼 차례입니다. 5절은 우리 주요 구주 되신 예수 그리스도의 복음을 예비적으로 알리는 선포로서 여기에 등장하고 있습니다. 복음서는 광야에서 외치는 자의 소리에 대한 3절 말씀이 주님의 선구자인 세례 요한에게서 성취되었다고 말합니다. 누가는 자신의 복음서 3장에서 세례 요한의 사역을 서술하며 이사야 40:3-5을 인용하는데, 거기에 이사야 40:5에서 따온 "모든 육체가 하나님의 구원하심을 보리라"라는 구절이 포함되어 있습니다.[눅 3:4-6]

지금까지 우리는 이사야서 40장의 첫 네 절에 나타난 복음과 구원의 성격을 살펴보았습니다. 그리고 이제 그 모든 것을 숙고한 선지자가 크고 영광스러운 느낌에 압도당하는 모습을 보게 됩니다. 그는 그 압도감에서 헤어 나오지 못합니다. 구원에 대해 살펴보고 난 선지자는 이렇게 말합니다. "여호와의 영광이 나타나고 모든 육체가 그것을 함께 보리라." 그는 놀라운 구원에 대해 계속 이야기해 나갑니다. 복음은 인간의 귀에 들려온 메시지 중에 가장 영광스러운 메시지이기 때문입니다. 그러므로 여러분에게 묻겠습니다. 여러분은 이 메시지를 믿고 있습니까? 여러분도 이사야와 같은 관점을 가지고 있습니까?

　요즘 말로 하면, 지금 우리는 '짜릿한' 일에 대해 이야기하고 있는 중입니다. 짜릿한 일이 있을 때 우리는 흥분하며, 우리 마음에 와 닿는 것이나 우리가 대단하게 여기는 것을 보기 위해 상당한 불편을 감수해 가면서 몇 시간씩 꼬박 선 채로 기다립니다. 여러분은 복음도 그렇게 대단한 것으로 평가하고 있습니까? 이 기독교 메시지, 기독교 신앙이야말로 지금까지 일어났거나 일어날 수 있었던 사건들 중에 가장 놀랍고 경이로운 사건이라고 믿고 있습니까? 여기 나오는 선지자의 말과 성경이 곳곳에서 가르치고 있는 바에 따르면 이것은 분명한 사실입니다. 그런데도 사람들이 복음에 아무런 관심도 보이지 않는 것을 볼 때, 성경이 "이 세상의 신"으로 묘사하는 마귀의 지독한 영향력을 느끼게 됩니다^{고후 4:4}. 사람들은 복음에 아무런 관심도 보이지 않습니다. 복음에서 아무것도 발견하지 못합니다. 그들이 볼 때 복음은 침을 뱉고 비웃으며 멸시할 만한 것입니다. 지성인에 대한 모욕입니다. 그런데 5절은 바로 이 복음에 여호와의 영광이 나타나 있다는 것입니다. 제가 지금 여러분의 주의를 환기시키려는 측면이 바로 이 측면입니다. 제가 최대한 엄숙하게 이렇게 하는 이유는, 복음에 어떻게 반응하느냐에 따라 여러분의 영원한 운명이 결정되기 때문입니다. 예수 그리스도의 복음이야말로 세상에서 가장 놀라운 것이라고 생각하든지, 아니면 복음은 아무것도 아니라고 말하든지 둘 중에 하나를 택해야 합니다.

그러므로 저는 다음과 같이 복음 메시지를 제시하고자 합니다. 사람들은 종종 하나님이 어떤 분이신지 알고 싶다고 말합니다. "하나님은 대체 어떤 분이시지요?"라고 묻습니다. 이것은 지극히 옳고 정당한 질문입니다. 성경은 곳곳에서 그 대답을 하는데, 오늘 본문에도 그것이 나와 있습니다. 하나님이 지니고 계신 최고의 속성은 영광입니다. 성경이 말하는 영광이란 무엇일까요? 자, 영광은 아름다움과 위엄과 광채와 위대함을 의미합니다. 영광은 말로 표현될 수 없는 것입니다. 이 단어에는 인간이 아무리 노력하고 추구하고 애를 써도 도저히 이해할 수 없을 만큼 하나님은 초월적인 분이시라는 의미가 들어 있습니다.

　　아니, 인간의 지성으로만 하나님을 아는 참된 지식에 도달할 수 없는 것이 아니라 인간의 상상으로도 도달할 수가 없습니다. 성경의 기본 명제는 "오직 그에게만 죽지 아니함이 있고 가까이 가지 못할 빛에 거하시고 어떤 사람도 보지 못하였고 또 볼 수 없는 이"라는 것입니다^{딤전 6:16}. 영존하시는 하나님의 영광이란 바로 이런 것입니다.

　　하나님을 아는 것보다 더 중요한 일은 없습니다. 하나님을 아는 지식이 없는 인생은 망한 인생입니다. 앞서 살펴보았듯이 사실상 우리의 모든 문제는 그를 모르는 데서 비롯됩니다. 사도 바울도 로마서 1장에서 이 무지야말로 전 인류의 타락과 쇠락을 불러온 원인이라고 말합니다. 처음에는 하나님을 알았습니다. 그러나 그 지식을 간직하는 대신 버리는 편을 택했습니다. 그 결과 "피조물을 조물주보다 더 경배"하게 되었습니다^{롬 1:25}. 하나님을 제외한 모든 것, 짐승과 기어 다니는 동물들을 경배하면서도 정작 하나님의 영광은 보지 못하게 되었습니다. 그러니 인간에게 무슨 일이 일어나겠습니까?

반복하건대, 우리에게 최고로 필요한 일은 하나님을 아는 것입니다. 그런데 우리는 그 지식에 도달할 수가 없습니다. 가장 위대한 철학자들도 도달하지 못했습니다. "이 세상이 자기 지혜로 하나님을 알지 못하므로"^{고전 1:21}. 우리의 정신은 너무나 왜소합니다. 우리는 무가치한 사람들입니다. 하나님은 본질적으로 너무나 영광스러우신 분이기 때문에 어떤 재능을 동원해서 애를 쓴다 해도 그를 아는 지식에 도달할 수가 없습니다. 그렇다면 우리에게는 아무런 소망도 없는 것일까요? 그렇지 않습니다! 성경의 대답은 하나님이 그 무한하신 자비와 겸손으로 기쁘게 자신을 계시해 주신다는 것입니다. 오늘 본문이 말하듯이 그 영광의 일부를 기쁘게 나타내 주신다는 것입니다.

그렇다면 하나님은 어떻게 영광을 나타내 주실까요? 그 한 가지 대답이 시편 19편에 나오고 있습니다. 하나님은 피조세계를 통해 부수적으로 그 영광의 일부를 나타내 주십니다. "하늘이 하나님의 영광을 선포하고 궁창이 그의 손으로 하신 일을 나타내는도다"^{1절}. 이것은 의문의 여지 없는 사실입니다. 사도 바울도 로마서 1장에서 같은 논거를 사용하고 있습니다. 그는 "너희가 진심으로 세상을 둘러보고 귀를 기울이면 하나님의 영광을 볼 것"이라고 말합니다. "창세로부터 그의 보이지 아니하는 것들, 곧 그의 영원하신 능력과 신성이 그가 만드신 만물에 분명히 보여 알려졌나니"[20절].

여러분은 만물의 완벽함과 질서와 디자인과 배열을 보면서 그의 영광을 알게 됩니다. 산과 언덕을 보고, 시내와 개울을 봅니다. 신기하게도 봄만 되면 되돌아오는 제비와 해마다 거의 정확한 날짜에 찾아오는 뻐꾸기도 봅니다. 그 모든 것을 보면서 "이런 것들이 정말 우연의 소산일까? 원자와 양성자와 전자들이 우연히 만나서 생겨난 것일까?"라고 묻게 됩니다. 고(故) 제임스 진스 경[Sir James Jeans] 같은 사람의 말을 들으면서 "물론 그럴 리가 없어. 그건 불가능한 일이야. 이 모든 것의 배후에는 하나의 정신, 초월적인 정신, 영광스러운 정신이 있는 거야"라고 말하게 됩니다. 피조세계와 저 하늘은 하나님의 영광을 선포하고 있습니다. 이 모든 것을 존재케 하신 분, 이 모든 것을 지으시고 조화시키시며 만드시고 보전하시는 분의 영광을 선포하고 있습니다.

보는 눈이 있는 사람, 생각하고 숙고하며 묵상하는 사람은 자연 세계에서 하나님을 볼 것입니다. 전에도 가끔 말씀드렸지만, 해부학과 생리학을 한 번도 공부해 보지 않은 이들을 보면 참 안타깝습니다. 인간의 신체구조와 작용에 대해 배웠으면서도 하나님을 믿지 않는 사람을 이해하기는 상당히 어렵습니다.

인간의 신체만 살펴보아도 얼마든지 신앙을 가질 수 있습니다. 정교하고 조화롭고 섬세한 눈 같은 기관을 보십시오. 그런 기관이 어쩌다가 우연히 진화하여 생겨났다고 말하는 것은 우스운 일입니다.

눈에 비할 만한 것은 아무것도 없습니다. 인간의 눈은 하나님의 영광을 보여줍니다.

8월 마지막 휴일에 우연히 시골에 갔다가, 오솔길을 산책한 후 문가에 서서 황금빛 들판을 바라보았다는 사람—그는 분명 런던 사람이었을 것입니다—의 심정을 저는 잘 이해할 수 있습니다. 그는 들판을 바라보며 말했습니다. "정말 잘 만드셨네요, 하나님." 그렇습니다! 무르익은 밀밭에서 하나님의 영광을 보지 못하는 사람은 이 세상 신인 마귀 때문에 눈이 가린 것입니다. "하늘이 하나님의 영광을 선포하고 궁창이 그의 손으로 하신 일을 나타내는도다." 주위의 모든 것이 우리에게 소리치고 있습니다. 꽃들을 보십시오. 조물주 되신 영원하신 우리 하나님이 예술가의 손길로 만들어 내신 피조물들을 보십시오. 그는 이런 것들을 통해 자신의 영광을 나타내 보이셨습니다.

이것이 전부가 아닙니다. 역사책을 읽어 본 사람, 역사를 보는 눈이 있는 사람은 피조세계에서처럼 역사 속에서도 하나님의 영광을 발견할 것입니다. 위대한 왕조와 제국들의 흥망성쇠에서 제가 보게 되는 것은 하나님의 영광입니다. 바벨탑 사건에서 알 수 있듯이 인간은 처음부터 자신감에 차 있었습니다. 그들은 하늘까지 올라가 신이 되려 했습니다! 그 후로도 사람들은 계속해서 같은 짓을 해왔습니다. 큰 왕들과 강력한 황제들이 일어나, 스스로 완벽하고 굉장한 존재로 여기며 자신들을 신으로 섬기라고 명령했습니다. 그러다가 결국 몰락했습니다. 이것이 역사 전체의 내용 아닙니까? 왕조와 권세와 나라들의 흥망이 역사 전체를 이루고 있습니다. 이사야의 말처럼 그들이 망한 것은 전적으로 주께서 그 나라들을 "한 방울 물"처럼, "저울의 작은 티끌"처럼 불어 버리신 탓입니다.[사40:15] 역사책을 읽으면서 인간의 자부심과 교만이 하늘까지 부풀어 올랐다가 거의 한 순간에 꺼져 버리는 장면들을 보십시오. 이처럼 하나님의 영광은 역사에도 나타나 있습니다.

또한 우리는 구약성경의 역사 속에서도 하나님의 영광을 발견하게 됩니다. 구약성경이 이렇게 놀라운 책이 된 것은 하나님의 영광을 나타내고 있기 때문입니다. 구약성경에 볼 내용이 없다고 말하는 것보다 더 안타까운 일이 없습니다. 심지어 그리스도인들 중에도 초대교회가 왜 구약성경을 고수하기로 결정했는지 이해할 수 없다고 말하는 어리석은 이들이 있습니다. 초대교회가 그렇게 결정한 것은 구약성경이 단순히 신약성경을 미리 소개하는 책으로서가 아니라 하나님의 영광을 계속 나타내고 있는 책으로서 필요했기 때문입니다. 결국 구원의 목적은 우리를 하나님께 인도하려는 것입니다. 좋은 느낌을 주려는 것이 아니라 하나님과 바른 관계를 맺게 하려는 것입니다. 인간의 주된 존재 이유가 무엇입니까? 행복해지는 것입니까? 아닙니다. 웨스트민스터 소요리문답은 인간의 목적이 "하나님을 영화롭게 하는 것과 영원토록 그를 즐거워하는 것"이라고 말합니다.

구약성경에서 하나님의 영광이 나타나고 있는 예를 몇 가지 상기시켜 드리겠습니다. 대홍수 이야기를 보십시오. 대홍수는 바로 하나님의 영광을 나타낸 사건이었습니다. 하나님께 죄를 짓고 노아를 통해 주신 경고를 듣지 않은 세상은 결국 심판을 받았습니다. 또한 출애굽 때 홍해를 건넌 사건에서 우리는 이스라엘 자손이라는 작은 민족 위에 군림했던 바로를 보게 되며, 그의 힘과 권세를 보게 됩니다. 그런데 그의 병거들이 홍해 한복판에서 물결에 휩쓸려 수장되는 장면을 보십시오. 이스라엘 백성이 돌아보니 그들의 시체가 밀려와 바닷가를 가득 채우고 있었습니다. 이것이 무엇입니까? 능력의 나타남입니다! 하나님은 바로와 그의 군대를 불어 버리셨습니다. 이것이 그들의 종말이었습니다. 시내 산에서 율법을 주신 이야기도 읽어 보십시오. 연기와 불이 피어오르고 산이 진동한 이야기와 짐승이든 사람이든 산에 접근하면 죽는다고 경고하신 이야기를 읽어 보십시오. 그때에도 하나님은 율법을 주시면서 자신의 영광을 계시하셨고, 그 영원한 능력을 일부 나타내 보이셨습니다.

더 나아가 하나님께 다음과 같이 아뢰었던 모세의 이야기를 읽어 보시기 바랍니다. "주님은 제게 이 백성을 인도할 책임을 주셨지만, 저는 두렵습니다. 제가 뭐라고 이런 일을 하겠습니까? 주님이 함께 가 주시지 않으면 저도 갈 생각이 없습니다." 아니, 모세는 여기에서도 더 나아가 "주의 영광을 내게 보이소서"라고 구했습니다출 33:18. 이에 하나님은 모세를 바위틈에 두시고 손으로 덮으시면서 말씀하셨습니다. "네가 내 얼굴을 보지 못하리니 나를 보고 살 자가 없음이니라.……네가 내 등을 볼 것이요."^{출 33:20, 23}. 그리고 여호와의 영광이 지나갔고, 모세는 그 후 다시 그 같은 경험을 하지 못했습니다.

다음으로 이스라엘 자손의 구원 이야기를 읽어 보십시오. 그들은 대적에게 정복당해 무력하게 끝장난 것 같았습니다. 그런데 돌연 하나님이 찾아와 행동하심으로, 대적들은 패주하고 이스라엘은 자유를 얻었습니다. 이처럼 구약성경의 이야기는 전부 하나님의 영광을 보여주고 있습니다.

그러나 오늘 본문은 제가 지금부터 주의를 환기시키고자 하는 일, 하나님의 영광을 나타낸 이 일에 비하면 다른 일들은 전부 빛이 바랜다고 말합니다. 대로가 예비되고 아들이 오시면 모든 육체가 여호와의 영광을 보게 될 것입니다. 이것은 성경 전체를 통틀어 가장 황홀한 주제입니다. 기독교의 메시지, 기독교의 구원은 하나님의 영광을 온전히, 궁극적으로 보여주고 있습니다.

무엇보다도 하나님의 영광을 영화롭게 보여주는 것은 그가 아들을 세상에 보내셨다는 바로 이 사실입니다. "하나님이 세상을 이처럼 사랑하사 독생자를 주셨으니[보내셨으니] 이는 그를 믿는 자마다 멸망하지 않고 영생을 얻게 하려 하심이라"^{요 3:16}. 하나님의 구원 계획에 대해 깊이 생각해 본 적이 있습니까? 복되신 하나님은 세상이 시작되기도 전에 우리의 구원을 계획해 놓으셨으며, 그 계획 속에서 다른 방법으로는 계시한 적이 없는 자신의 모습을 계시하고 계십니다. 우리는 이 구원 계획을 통해 하나님을 알게 됩니다.

더 중요한 점이 있습니다. 그것은 바로 하나님의 아들이 친히 그의 영광을 나타내신다는 것입니다. 하나님이 모세에게 말씀하셨듯이, 그를 보고서도 살 수 있는 사람은 아무도 없습니다. 그런데 어떻게 그를 알 수 있다는 말입니까? 그 대답이 여기 있습니다. "본래 하나님을 본 사람이 없으되 아버지 품속에 있는 독생하신 하나님이 나타내셨느니라"요 1:18. 예수 그리스도가 세상에 오신 한 가지 이유는 형언할 수 없는 하나님의 영광을 아는 지식에 이르게 하려는 것입니다. 주님 자신이 어떻게 이 점을 설명하셨는지 들어 보십시오. 십자가 죽음이 임박하자 주님은 자신이 곧 떠날 것을 알려 주셨고, 제자들은 낙담했습니다. 주님 없이 대체 어떻게 살아야 할지 암담했던 것입니다. 그런 그들에게 주님은 말씀하셨습니다. "너희는 마음에 근심하지 말라. 하나님을 믿으니 또 나를 믿으라." 그리고 그들을 위해 처소를 예비해 놓겠다고 하셨습니다. 그런데도 제자들은 여전히 안심하지 못했고, 빌립은 이렇게 말했습니다. "주여, 아버지를 우리에게 보여주옵소서. 그리하면 족하겠나이다."

이것은 "주님은 곧 우리를 떠날 것이라고 하시는데, 가시기 전에 하나님을 보여주신다면 어떻게든 이 이별을 감내하고 살아갈 수 있을 것 같습니다"라는 말이었습니다. 이에 주님은 놀라운 말씀을 해주십니다. "빌립아, 내가 이렇게 오래 너희와 함께 있으되 네가 나를 알지 못하느냐? 나를 본 자는 아버지를 보았거늘 어찌하여 아버지를 보이라 하느냐?"요 14:1-9 아들은 하나님의 영광을 나타내시는 분이었습니다.

사도 바울도 후에 같은 주제를 다루면서 놀랄 만한 진술을 했습니다. "그 안에는 신성의 모든 충만이 육체로 거하시고"골 2:9.

여러분, 저는 여러분을 이해하지 못하는 것은 물론이요 저 자신조차 이해하기 힘들 때가 있습니다. 이렇게 놀라운 진리를 알면서도 어떻게 가만히 있을 수 있는지 모르겠습니다. "신성의 모든 충만이 육체로" 거하시는 분이 이 유한한 세상에서 사셨다는 것은 명백한 역사적 사실입니다. 신성의 모든 충만이 베들레헴의 한 아기 안에 거했습니다. 성전에서 율법학자들과 토론하던 열두 살 소년 안에, 그때부터 서른 살까지 그 누구의 주목도 받지 못한 채 일만 했던 한 목수 안에 거했습니다. 뉴스 머리기사 하나에도 흥분하는 여러분과 저같은 사람들이 바울의 이 말에는 전율하지도 않고 입도 열지 않으니, 이것이 대체 어찌 된 일입니까? 다른 말들은 그렇게 많이 하면서 하나님의 아들에 대한 이야기에는 아무 관심도 없고 신경도 쓰지 않습니다. 오늘 있다가 내일 사라질 것들에는 그렇게 많은 시간과 에너지를 투자하면서 이 놀라운 일에는 시간 내기를 아까워합니다.

우리는 영광을 본 적이 없습니다. 이것이 문제입니다. 히브리서 기자의 말을 다시 들어 보시기 바랍니다. "이는 하나님의 영광의 광채시요 그 본체의 형상—그리스도가 하나님 앞에서 이런 분이시라는 것입니다—이시라. 그의 능력의 말씀으로 만물을 붙드시며……"히 1:3. 나사렛 예수는 이런 분이십니다. 그는 하나님의 영광의 광채시요 그 본체의 형상이시면서도 인간으로 이 세상에서 사셨습니다. 이사야 선지자는 대로가 예비될 때 여호와의 영광이 나타날 것이라고 말합니다. 성육신이 이루어질 때, 신성과 인성이 하나가 될 때, 골짜기가 돋우어지고 산들이 낮아질 때, 여호와의 영광은 나타날 것입니다. 이 것이 선지자가 의미하는 바입니다. 이 모든 일은 세상에서 문자 그대로 실현되었습니다.

그렇다면 하나님의 아들을 보면서 우리가 알게 되는 것이 무엇입니까? 위대한 대제사장의 기도를 통해 아들이 친히 우리에게 대답해 주고 계십니다. 그는 하나님께 아뢰었습니다. "아버지께서 내게 하라고 주신 일을 내가 이루어 아버지를 이 세상에서 영화롭게 하였사오니"요 17:4. 주님은 어떻게 아버지를 영화롭게 하셨을까요? 그 이야기라면 몇 시간이라도 할 수 있지만, 지금은 큰 항목들만 말씀드리겠습니다.

첫째로, 그는 **능력**으로 아버지의 영광을 나타내셨습니다. 그가 행하신 기적들을 보십시오. 배 고물에서 잠드셨던 분, 그러나 제자들이 두려워 허둥대자 자리에서 일어나 바람을 향해 "잠잠하라, 고요하라"라고 말씀하심으로 파도를 그치게 하시며 **아주 잔잔케 하셨던** 이분은 누구십니까?막 4:35-41 대체 누구십니까? 이분이 하신 일이 무엇입니까? 하나님의 영광을 나타내신 것입니다. "맹인이 보며 못 걷는 사람이 걸으며 나병환자가 깨끗함을 받으며 못 듣는 자가 들으며 죽은 자가 살아나며 가난한 자에게 복음이 전파된다 하라"마 11:5.

야이로의 집으로 가시던 모습도 보시기 바랍니다. 그의 딸은 이미 죽었습니다. 주님이 "너희가 어찌하여 떠들며 우느냐? 이 아이가 죽은 것이 아니라 잔다"라고 하셨을 때, 사람들은 그를 비웃었습니다. 그러나 그가 어린 소녀의 손을 잡고 "달리다굼" 하시자 죽었던 소녀가 눈을 뜨고 일어났습니다^{막 5:39-42}. 어느 날 오후, 나인이라는 작은 성으로 들어가시던 모습도 보십시오. 주님 쪽으로 장례 행렬이 나오고 있었고, 외아들을 묻으러 가는 불쌍한 과부가 그 뒤를 따르고 있었습니다. 주님은 행렬을 막으시고 청년을 다시 살려 어미에게 돌려주셨습니다^{눅 7:11-15}. 마찬가지로 나사로의 무덤에서 그를 죽은 자들 가운데서 일으키시는 모습도 볼 수 있습니다. 이 모든 것이 하나님의 영광을 나타내는 일이었으며, 만물을 만드시고 창조하시고 보전하시는 분의 능력을 나타내는 일이었습니다.

주님은 또한 하나님의 **거룩하심**을 나타내셨습니다. 그에게는 죄가 조금도 없었습니다. 마귀는 주님과 싸우면서 자신이 가진 모든 무기를 동원하여 공격했지만, 주님은 단 한 마디로 그를 잠잠케 하셨습니다. 단순히 성경을 인용하심으로 물리치셨습니다. "사탄아, 내 뒤로 물러가라"* 하실 때, 마귀는 물러갈 수밖에 없었습니다^{눅 4:1-13}. 하나님의 거룩하심은 하나님의 영광을 나타내는 또 다른 측면입니다.

주님의 **사랑과 긍휼**도 보시기 바랍니다. 하나님이 어떤 분이신지 알고 싶습니까? 그 아들을 보시기 바랍니다. 그는 곤고하고 고통스러운 자들을 위해 항상 시간을 내셨습니다. 하루는 제자들을 데리

---

* 우리말 개역개정판 누가복음 4장에는 이 말이 빠져 있다. 흠정역에는 마 16:23, 막 8:33, 눅 4:8에 같은 표현이 나온다—옮긴이.

고 급히 성전으로 가던 길에 소경을 만나셨습니다. 그러자 걸음을 멈추시고 그를 고쳐 주셨습니다. 또 하루는 한 불쌍한 여자가 찾아와 주님을 번거롭게 했습니다. 제자들은 그 여자를 귀찮아하며 쫓아 버리려 했지만, 주님은 그를 위해 시간을 내셨습니다. 여리고 성에 들어가려 하셨을 때에도 한 불쌍한 소경이 "다윗의 자손 예수여, 나를 불쌍히 여기소서"라고 소리를 질렀습니다. 무리는 그의 입을 막으려 했지만, 주님은 걸음을 멈추시고 그 자리에 서서 소경 바디매오와 말씀을 나누셨으며 그의 시력을 되찾아 주셨습니다눅 18:35-43. 여자들이 주님의 안수와 축복을 기대하며 어린 자식들을 데려왔을 때에도 제자들은 그들을 꾸짖었지만, 주님은 아이들에게 안수하시고 축복해 주셨습니다. 이 모든 일을 통해 그가 하신 일이 무엇입니까? 하나님을 나타내신 것입니다. 하나님은 바로 이 아들과 같은 분이십니다. "나를 본 자는 아버지를 보았거늘"요 14:9. 우리는 주님에게서 죄 많고 상하고 부서지고 비참하고 불쌍한 인류를 향한 하나님의 사랑과 관심과 염려를 보게 됩니다.

이제 가장 최종적이고 위대한 사건을 살펴보도록 합시다. 하나님의 영광은 아들을 보내 주신 일과 그 아들의 위격을 통해서만 나타난 것이 아니라, 그가 이루신 **구원**과 특히 그 구원을 이루신 방식에서 최고로 나타났습니다. 그의 삶과 가르침과 능력을 통해서도 나타났지만, 오, 무엇보다 십자가 죽음에서 최고로 나타났습니다. 그래서 아이작 와츠Isaac Watts는 다음과 같이 노래할 수 있었습니다.

영광의 왕 달려 죽으신

놀라운 십자가 생각할 때

가장 큰 유익도 해로 여기고

그 모든 자랑도 비웃게 되네통일찬송가 147장 참조.

"영광의 왕!"

어떻게 십자가에 하나님의 영광이 나타납니까? 첫째로, 십자가
에는 하나님의 **지혜**가 최고로 나타나 있습니다. 하나님의 영광은 그
모든 속성에 있습니다. 하나님의 하나님 되심에서 영광이 찬란히 비
쳐 나오는 것입니다. 그런데 십자가는 그중에서도 그의 지혜를 보여
주고 있습니다. 사람들의 문제, 사람들 속에 있는 죄의 문제는 강력
하고 무서운 것으로서, 태초부터 전 인류를 좌절시켜 왔습니다. 어떤
의미에서 모든 문명의 역사는 바로 이 죄의 문제를 해결하기 위한
노력의 역사였다고도 할 수 있습니다.

문명은 행복을 찾고, 평화와 일치를 이루며, 삶을 조화롭고 살 만
하게 만들려는 시도입니다. 모든 철학자들이 추구한 것도 그것이었
고, 모든 정치가와 정치인들이 추구하는 것도 그것입니다. 사람들은
사고(思考)를 통해 견딜 만한 삶의 방식을 만들어 내고자 애쓰고 있
습니다. 그럼에도 이 문제를 해결한 적은 단 한 번도 없습니다. 수세
기에 걸친 오랜 역사상 그러했듯이, 오늘날에도 철저하고 비참하게
실패하고 있습니다. 이 문제를 해결하려면 지혜가 필요한데, 우리는

그리스도 안에서 해결책을 제시하시는 하나님의 지혜를 보게 됩니다. 그래서 바울이 다음과 같이 말한 것입니다. "우리는 십자가에 못 박힌 그리스도를 전하니 유대인에게는 거리끼는 것이요 이방인에게는 미련한 것으로되 오직 부르심을 받은 자들에게는 유대인이나 헬라인이나 그리스도는 하나님의 능력이요 하나님의 지혜니라"고전 1:23-24. 감히 이렇게 말해도 될지 모르겠지만, 인간의 죄 문제를 해결하는 데 하나님이 친히 그 지성을 사용하셨습니다.

그의 방법은 얼마나 완벽한지! 그가 무슨 일을 하셨는지 아십니까? 문제는 거룩하신 하나님께 어떻게 용서를 받을 수 있느냐 하는 것이었습니다. 우리 인간의 타락한 본성을 어떻게 처리할 수 있겠습니까? 어떻게 새로운 본성을 얻을 수 있겠습니까? 인간에게는 새로운 본성이 필요합니다. 다른 것으로는 충분치 않습니다. 인간이 자신의 힘으로 도덕의 진창에서 헤어 나올 수 있습니까? 없습니다. 이것이 문제입니다. "구스인이 그의 피부를, 표범이 그의 반점을 변하게 할 수 있"겠습니까?렘 13:23 욥기도 "네가 하나님의 오묘함을 어찌 능히 측량"하겠느냐고 묻습니다욥 11:7. 그렇다면 할 수 있는 일이 대체 무엇입니까? 바로 여기에 하나님의 지혜가 개입됩니다. 하나님은 "내 아들 독생자를 보내겠다"라고 하셨습니다.

그래서 하나님의 아들이 오신 것입니다. 아들 안에서 인간의 본성과 신적이고 영원한 것이 하나로 연결되었습니다. 아들 안에서 여러분은 완전한 하나님이신 동시에 완전한 인간이신 분을 만나게 됩니다. 그는 인간의 본성을 입으셨습니다. 그렇기 때문에 인류를 구속하실 수 있고 일으켜 주실 수 있는 것입니다. 히브리서 기자는 말합니다. "많은 아들들을 이끌어 영광에 들어가게 하시는 일에 그들의 구원의 창시자를 고난을 통하여 온전하게 하심이 합당하도다"^{히 2:10}. 저는 이 "합당하도다"라는 말을 좋아합니다. 그 뜻은 이것입니다. "이렇게 하신 것이야말로 하나님다우신 일 아니냐? 얼마나 완벽한 방법이냐! 누가 과연 그런 생각을 하겠느냐? 하나님이 인간이 되시고, 말씀이 육신이 되어 우리 가운데 거하시다니." 이렇게 하여 구원이 이루어졌습니다. 바로 이것이 하나님의 지혜요, 그 영광의 한 단면입니다.

그다음으로 이 모든 일에 나타난 하나님의 **능력**을 생각해 보십시오. 아들이 어떻게 마귀를 이기셨는지, 어떻게 죽음과 무덤을 이기셨는지 생각해 보십시오. 그는 모든 이를 이기셨고, 모든 것을 이기셨습니다. 인간의 원수는 전부 무너졌습니다. 인간을 얽매고 누르던 것들도 전부 무너졌습니다. 그리스도가 그 모든 것을 처리하셨고, 그 절대적인 능력 가운데 하나님의 영광을 나타내셨습니다.

이런 의미에서 그리스도의 구원 방식에 나타난 하나님의 영광을 생각해 본 적이 있습니까? 이 구원 방식에서 하나님의 **거룩하심**과 **의**와 **공평**을 본 적이 있습니까? 하나님의 아들이 우리를 찾아오신 이유가 무엇입니까? 어린 아기로 태어나셔야 했던 이유가 무엇입니까? 목수로 일하셔야 했던 이유가 무엇입니까? 겟세마네 동산에서 땀을 피처럼 흘리셔야 했던 이유가 무엇입니까? 사람들이 자기 얼굴에 침 뱉는 일을 감수하신 이유가 무엇입니까? 머리에 가시관을 쓰신 이유가 무엇입니까? 욕설과 조롱과 비웃음을 들으신 이유가 무엇입니까? 이런 일을 다 겪으신 이유가 무엇입니까? 대답은 하나입니다. 다른 것으로는 하나님의 공평과 거룩하심과 의를 만족시킬 수 없었기 때문입니다. 죄는 반드시 처리되어야 했습니다. 제가 십자가를 보면서 가장 먼저 발견하는 것은, 죄에는 벌이 따른다고 말씀하시며 죄는 무서운 것이기에 반드시 도말되어야 한다고 말씀하신 하나님의 말할 수 없는 거룩하심과 의와 공평입니다. 바로 이것이 십자가의 죽음을 요구했습니다. 이 또한 영광의 일면을 이루는 요소입니다.

하나님의 형언할 수 없는 거룩하심과 흠 없고 불변하는 의로우심에 대해 다시 한 번 숙고해 보기 바랍니다. "하나님은 빛이시라. 그에게는 어둠이 조금도 없으시다는 것이니라"요일 1:5. 그는 "빛들의 아버지"로서 "변함도 없으시고 회전하는 그림자도 없으"신 분입니다약 1:17. 그가 죄나 악과 타협하신다는 것은 생각할 수도 없고 있을 수도 없는 일입니다. 그는 "악을 차마 보지 못하"실 만큼 "정결하"신 분입니다합 1:13. 이 모든 하나님의 영광이 공평하고 의롭게 죄를 처리할 것을 요구했고, 그 처리가 십자가 위에서 이루어진 것입니다. 하나님은 유일하신 독생자 안에서 우리의 죄를 벌하셨습니다.

물론 십자가는 동시에 하나님의 **사랑**을 무엇보다도 영광스럽게 나타낸 사건이었습니다. 감히 말하건대, 하나님의 사랑에 대해 갈보리 십자가보다 더 위대한 개념을 제공해 주는 것은 없습니다. 십자가는 하나님, 그토록 영광스러우신 하나님이 우리—말할 수 없는 무지로 모든 영광 중에 계신 하나님을 거스른 반역자요 비참하고 불쌍한 소인들인 우리—를 사랑하여 아들을 보내 주시고 이 모든 고난을 겪게 하심으로 나와 우리를 용서하시며 하나님과 화목케 하신 것을 의미하기 때문입니다. "하나님께서 그리스도 안에 계시사 세상을 자기와 화목하게 하시며 그들의 죄를 그들에게 돌리지 아니하시고"^{고후 5:19}.

십자가는 나를 향한 하나님의 사랑을 가늠하는 척도입니다. 그는 "자기 아들을 아끼지 아니하시고 우리 모든 사람을 위하여 내주"셨습니다^{롬 8:32}. 이것이 십자가의 의미입니다. 하나님은 아들의 고통과 수치를 조금도 면해 주시지 않았고—그 고통과 수치는 꼭 필요한 것이었습니다—내가 받을 죄의 형벌을 그에게 지우심으로 나를 용서해 주셨습니다. 그것은 전부 우리를 위해 일어난 일이었습니다. 그러니 새뮤얼 데이비스^{Samuel Davies}가 다음과 같은 찬송시를 쓴 것도 놀랄 일이 아닙니다.

> 위대한 기사(奇事)의 하나님이시여! 주의 모든 길은
> 무엇과도 비길 수 없고, 주께 합당하며, 신성하나이다.

어느 것을 보나, 자연과 피조세계를 보나 역사와 사건들의 진행을 보나 다 그렇습니다.

그러나 은혜의 아름다운 영광은

더욱 더 주께 합당하며 비길 데 없이 찬란하나이다.

당신처럼 용서하시는 신이 어디 있나이까?

그토록 값없이 넘치는 은혜를 베푸시는 신이 어디 있나이까?

이사야는 800년 전에 이미 "여호와의 영광이 나타"날 것을 알렸습니다. 그 일이 다가오고 있는 것을 보았고, 그 일에 대한 이상(異象)을 받았습니다.

그러나 여러분과 저는 이 일을 내다보는 자리에 있는 것이 아니라 뒤돌아보는 자리에 있습니다. 그 일은 이미 이루어졌습니다. 여호와의 영광은 이미 나타났습니다. 이 사실을 알고 있습니까? 하나님이 여러분을 위해 이미 이 모든 일을 하셨다는 것을 알고 있습니까? 하나님이 이처럼 그 의와 거룩하심과 사랑 가운데 영광을 나타내셨다는 것을 인식하고 있습니까? "모든 육체가 그것을 함께 보리라." 여러분도 보았습니까? 알고 있고, 깨닫고 있습니까? 그리스도와 그의 큰 구원 안에서 다각도로 빛나고 있는 하나님의 영광을 보았습니까?

오, 제가 굳이 이런 질문들을 던지는 것은 하나님의 영광의 광휘가 완전하게 집중되어 있는 아들을 직접 뵐 날이 다가오고 있기 때문입니다. 성경이 전하는 메시지는 어느 때, 어느 곳에 살던 사람이든 세상에 태어난 사람은 누구나 하나님의 영광을 보게 된다는 것입니다. 지금 이 영광에 대해 무엇을 아느냐에 따라 그때 무슨 생각을 하게 되느냐가 결정됩니다. 그리스도 안에 있는 구원을 통해 하나님의 영광을 본 사람에게는 그날이 고대하고 갈망하는 날이요, 죄와 수치와 고통이 끝나는 날이요, 모든 괴로움이 끝나는 날이 될 것입니다. 그를 뵙는 날, 그와 같이 되는 날, 그와 함께 영원토록 즐거워하는 날이 될 것입니다.

동일한 성경에 따르면, 이 세상에 사는 동안 그의 영광을 보지 못한 사람도 그를 뵙게 될 것입니다. "각 사람의 눈이 그를 보겠고 그를 찌른 자들도 볼 것이요"계 1:7. 그때 그들은 산과 바위를 향해 외칠 것입니다. "우리 위에 떨어져……그 어린양의 진노에서 우리를 가리라"계 6:16.

사랑하는 여러분, 제가 이 자리에 서 있는 것은 여러분을 겁주기 위해서가 아니라 바로 이 말씀을 드리기 위해서입니다. 완전한 여호와의 영광이 주 예수 그리스도 안에서, 앞서 설명한 방식으로 나타났습니다. 이것은 바로 여러분을 위한 메시지입니다. 한낱 이론이 아닙니다. 오직 하나님의 아들이신 그리스도가 세상에 오셔서 여러분의 죄를 지고 여러분을 위해 죽으셨다는 사실을 믿고 알아야만 사함을 받을 수 있다고 말하는 인격적인 메시지입니다. 이 메시지는 여러분에게 죄를 버리고 그에게 자신을 드릴 것을 요청하며, 그러면 그가 여러분의 삶을 새롭게 하시고 여러분을 하나님의 자녀 되게 해주실 것이라고 말합니다. 하나님의 영광과 구원의 길이 이 아들 안에 있음을 알고 오직 그것만 의지하든지, 아니면 지금 있는 그 자리에 지금 있는 모습 그대로 머물든지 둘 중에 하나를 택해야 합니다.

이 문제를 놓고 논쟁을 벌일 필요가 없습니다. 그리스도가 오시면, 그 자체가 모든 불신자들에게 정죄가 될 것입니다. 틀림없습니다. 이제 하나님이 더 하실 수 있는 일은 없습니다. 하나님조차 여러분의 구원에 대해 더 하실 수 있는 일이 없습니다. 이 메시지를 믿지 않는 사람, 그리스도께 자신을 드리지 않는 사람, 궁극적으로 완전하게 그에게 굴복하지 않는 사람은 심판을 자청하는 것입니다. 주의 영광은 이미 **나타났습니다**. "어두운 데에 빛이 비치라 말씀하셨던 그 하나님께서—그 하나님께서 무엇을 하셨습니까?—예수 그리스도의 얼굴에 있는 하나님의 영광을 아는 빛을 우리 마음에 비추셨느니라" 고후 4:6. 영광을 보십시오. 그것을 자랑하고, 그것으로 영원한 구원을 받으십시오.

4.

확실한 구원,
능하신 구주

사 40:6-11

말하는 자의 소리여, 이르되 외치라.
대답하되 내가 무엇이라 외치리이까 하니
이르되 모든 육체는 풀이요 그의 모든 아름다움은 들의 꽃과 같으니
풀은 마르고 꽃이 시듦은 여호와의 기운이 그 위에 붊이라.
이 백성은 실로 풀이로다. 풀은 마르고 꽃은 시드나
우리 하나님의 말씀은 영원히 서리라 하라.
아름다운 소식을 시온에 전하는 자여, 너는 높은 산에 오르라.
아름다운 소식을 예루살렘에 전하는 자여, 너는 힘써 소리를 높이라.
두려워하지 말고 소리를 높여 유다의 성읍들에게 이르기를
너희의 하나님을 보라 하라.
보라, 주 여호와께서 장차 강한 자로 임하실 것이요 친히 그의 팔로 다스리실 것이라.
보라, 상급이 그에게 있고 보응이 그의 앞에 있으며
그는 목자같이 양 떼를 먹이시며
어린양을 그 팔로 모아 품에 안으시며 젖 먹이는 암컷들을 온순히 인도하시리로다.

이사야의 이 감동적인 말씀을 좀 더 깊이 고찰하려면, 앞의 1-5절 말씀과 다음 본문 사이의 연관관계에 주목하는 것이 중요합니다. 1-5절은 복음의 중대한 내용을 제시하고 있습니다. 이것은 하나님이 아들 안에서 곧 하실 일에 대한 선포로서, 우리는 그 모든 일에 나타난 영광과 경이를 살펴보았습니다. 6절은 다시 한 번 이 메시지를 선포하라고 명령합니다. "말하는 자의 소리여, 외치라." 그런데 이사야의 마음에 어려운 문제가 한 가지 떠오릅니다. 6-8절은 바로 그 문제를 다루고 있습니다. "내가 무엇이라 외치리이까?" 앞서 말씀하신 이런 일들은 과연 가능한 것일까요? 하나님은 선지자가 어려워하는 이 문제에 대답을 주시며, 그럼으로써 우리가 복음을 믿어야 할 이유를 알려 주고 계십니다.

첫째로, 선지자가 이 메시지를 믿지 못하도록 가로막는 어려움에 대해 고찰해 봅시다. 이 어려움에는 여러 측면이 있는데, 첫 번째 측면은 당연히 이 메시지가 너무나 크고 영광스럽다는 것입니다. 하나님이 우리에게 선의를 가지고 계신다는 말을 어떻게 믿을 수 있겠습니까? 성육신이라는 놀라운 기적을 어떻게 믿을 수 있겠습니까? 이것은 너무나 기이한 일이기 때문에 걸려 넘어질 수밖에 없습니다.

이 어려움의 두 번째 측면은 복음이 제공하는 모든 것들에서 비롯됩니다. 복음은 너무나 좋은 것들을 약속하기 때문에 믿기가 어렵습니다.

셋째로, 인간의 본성이 이렇게 연약하고 미약한데 과연 이런 계획이 이루어질 수 있을지 의심스럽습니다. 이사야는 말합니다. "모든 육체는 풀이요 그의 모든 아름다움은 들의 꽃과 같으니 풀은 마르고 꽃이 시듦은 여호와의 기운이 그 위에 붊이라. 이 백성은 실로 풀이로다." 선지자는 마치 다음과 같이 말하는 듯합니다. "그런 굉장한 약속을 해주시는 건 좋지만, 사람들은 실패하고 죽는 존재입니다. 세대가 바뀌어도 소망은 없어 보입니다. 포로로 잡힌 이스라엘 백성이 연약하여 정복자를 어쩌지 못하듯이, 인간의 본성도 너무 연약하여 대적하는 세력에 저항할 수가 없습니다."

이처럼 첫 번째 요점은 **믿기가 어렵다**는 것입니다. 그리고 두 번째 요점은 이 모든 점에 비추어 생각할 때 **왜** 복음을 믿어야 하느냐 하는 것입니다. 이사야는 여기에서 그 답을 주고 있습니다. 첫째로, 이 메시지는 인간의 말이 아닌 "우리 하나님—여호와—의 말씀"이며, "우리 하나님의 말씀은 영원히" 설 것이기 때문입니다[8절].

"하지만 어떻게 그것을 알 수 있습니까?"라고 묻는 분이 있을 것입니다.

자, 무엇보다 성경 자체가 스스로 하나님의 말씀이라고 주장하고 있습니다. 이 메시지는 사람들이 생각해 낸 것이 아닙니다. 사람들에게 주어진 것입니다. 이 메시지를 받았을 때 사람들은 깜짝 놀랐고 이해하지 못했습니다. 그뿐 아니라 예언이 성취되는 것을 보아도 이것이 하나님의 말씀임을 알 수 있습니다. 이사야가 여기에서 예고한 일은 세세한 부분까지 다 실현되었습니다. 유대인들은 바벨론에서 돌아왔고, 그리스도가 오심으로써 그가 말한 일들이 전부 다 이루어졌습니다. 이것은 **사실**입니다.

이처럼 우리가 복음을 믿어야 하는 것은 이것이 하나님의 **말씀**이기 때문입니다. 또한 둘째로, 우리가 복음을 믿어야 하는 것은 이것이 하나님의 **능력**이기 때문입니다. 이사야는 매번 아무런 열매도 맺지 못한 채 사라져 버리는 인간의 말과 하나님의 말씀을 대조해서 보여주고 있습니다. 사람들은 항상 많은 것을 의도하고 약속하지만 실제로 되는 일은 없습니다. 왜 그럴까요? 인간의 목숨은 미약하고 짧은 데 비해, 원수는 너무나 강력해서 그에 저항할 수가 없기 때문입니다. 이것을 해결하려면 하나님의 능력이 있어야만 한다는 것이 인간의 문제입니다. 그런데 복음이 바로 그 능력입니다. 복음은 새롭고 영원한 생명을 줄 능력을 가지고 있습니다. 복음은 우리를 대적하는 모든 원수를 정복하는 하나님의 능력입니다.

셋째로, 우리가 복음을 믿어야 하는 것은 아직 남아 있는 하나님의 약속, 아직 성취되지 않은 하나님의 약속이 장차 반드시 **성취**될 것이기 때문입니다. 이사야는 말합니다. "우리 하나님의 말씀은 영원히 서리라." 말씀이 이야기하는 것은 반드시 이루어집니다. 그렇다면 말씀이 이야기하는 것이 무엇일까요?

첫째로, 하나님의 말씀은 시간이 끝나는 날, 심판의 날이 온다고 말합니다. "이는 정하신 사람으로 하여금 천하를 공의로 심판할 날을 작정하시고"^{행 17:31}. 지난번에 보았듯이 그날에는 "각 사람의 눈이 그를" 볼 것이며^{계 1:7}, 세상에 태어난 모든 사람이 마지막 운명을 맞이할 것입니다.

둘째로, 하나님의 말씀은 우리가 이 말씀에 따라 심판받을 것이라고 말합니다. 하나님의 법은 말씀입니다. 그리고 복음서에 나오는 그리스도의 말씀은 곧 하나님의 말씀입니다. 주님은 말씀하셨습니다. "나는 세상의 빛이니 나를 따르는 자는 어둠에 다니지 아니하고 생명의 빛을 얻으리라"^{요 8:12}. "사람이 내 말을 듣고 지키지 아니할지라도 내가 그를 심판하지 아니하노라. 내가 온 것은 세상을 심판하려 함이 아니요 세상을 구원하려 함이로라. 나를 저버리고 내 말을 받지 아니하는 자를 심판할 이가 있으니 곧 내가 한 그 말이 마지막 날에 그를 심판하리라"^{요 12:47-48}. 어느 것도 미래의 심판을 막을 수 없습니다. 이것은 "우리 하나님의 말씀"이기 때문입니다. "모든 육체는 풀"로서 하나님이 불어 버리시면 그대로 시들지만, 그의 말씀은 영원히 서 있습니다.

이사야는 6-8절에서 하나님의 말씀을 의심할 이유가 전혀 없음을 확인한 후, 9-10절로 나아가 복음의 위대한 메시지를 한 번 더 진술합니다. 그럼으로써 더 구체적인 복음 메시지의 비밀 속으로 우리를 이끌고 들어갑니다. 이번에도 그는 몇 가지 요점을 강조하고 있습니다. 첫째로, 그는 이 메시지를 **어떻게** 전해야 하는지 이야기합니다. 산꼭대기에서 "아름다운 소식"을 선포하라고 합니다. "높은 산에 오르라"고 하며, "소리를 높이라"고 합니다. 이사야는 이 메시지의 중요성뿐 아니라 유일무이함을 또 한 번 강조하고 있습니다. 복음은 놀랍고 좋은 소식입니다. 우리는 항상 이 사실에서부터 출발해야 합니다. 어떤 것이 스스로 복음이라고 주장하는데 좋은 소식이 아니라면, 그것은 참 복음이 아닙니다.

그다음으로 이사야가 말하는 것은 겁내지 말고 이 메시지를 전하라는 것입니다. 그는 "두려워하지" 말라고 권면합니다. 복음 선포를 방해하는 두려움이 많이 있습니다. 이 메시지가 성취되지 않으면 어쩌나 두렵습니다. 이 메시지를 들은 사람들이 비웃고 조롱하면 어쩌나 두렵습니다. 사도 바울은 고린도전서에서 "십자가에 못 박힌 그리스도"가 "이방인에게는 미련한 것"이라고 말하는데[고전 1:23], 오늘날 사람들도 똑같은 반응을 보이고 있습니다.

물론 복음을 전했다가 핍박과 고난을 당하거나 죽으면 어쩌나 두려운 마음도 있습니다. 사람들은 복음을 미워합니다. 주님도 누가복음 12장에서 이 점을 가르치셨습니다. "내가 세상에 화평을 주려고 온 줄로 아느냐? 내가 너희에게 이르노니, 아니라. 도리어 분쟁하게 하려 함이로라"[51절]. 또한 마태복음 10장에서는 이렇게 말씀하셨습니다. "사람들을 삼가라. 그들이 너희를 공회에 넘겨주겠고 그들의 회당에서 채찍질하리라.……또 너희가 내 이름으로 말미암아 모든 사람에게 미움을 받을 것이나"[17, 22절]. 사도행전에서 볼 수 있듯이, 사도들이 겪은 일이 바로 이것이었습니다.

사람들은 대체 왜 복음을 미워하는 것일까요? 복음 메시지가 우리의 종교성을 정죄하며, 스스로 선해짐으로써 구원을 얻고자 하는 모든 노력을 정죄하기 때문입니다. 복음은 하나님의 거룩하심과 진노 앞에, 장차 임할 심판 앞에 우리가 얼마나 무력한 존재인지 보여줍니다. 하나님을 미워하는 것만큼 죄의 무서운 성격을 잘 드러내 주는 것이 없습니다. 인간은 하나님의 원수이며, 특히 그리스도와 십자가의 원수입니다.

지금까지는 복음을 **어떻게** 전해야 하는지 살펴보았습니다. 복음의 좋은 소식은 큰 소리로, 두려움 없이, 산꼭대기에서 전해야 합니다. 둘째로 우리가 계속 살펴보아야 할 것은 **누구에게** 이 메시지를 전하느냐 하는 것입니다. 이 부분에서 흠정역과 개정역RV의 번역이 갈라지고 있습니다. 9절에서 흠정역은 시온과 예루살렘을 메시지를 전하는 쪽으로 보는 반면 개정역은 메시지를 받는 쪽으로 보는데, 제 생각에는 개정역의 번역이 좀 더 정확한 것 같습니다(우리말 개역개정판은 개정역과 같이 번역하고 있다—옮긴이). 그러나 어떤 의미에서는 둘 다 맞는 말입니다. 우리는 여기에서 또 한 번 예언의 놀라운 면을 발견하게 됩니다. 복음 메시지는 유대인들에게 먼저 주어졌고, 그들을 통해 온 세상에 전해졌습니다. 승천하시기 전, 주님이 제자들에게 말씀하신 그대로입니다. "오직 성령이 너희에게 임하시면 너희가 권능을 받고 예루살렘과 온 유대와 사마리아와 땅 끝까지 이르러 내 증인이 되리라"행 1:8. 그리스도는 유대인으로 태어나셨고 "육신으로는 다윗의 혈통에서 나셨"지만롬 1:3, 동시에 만인을 위해 오셨습니다. 사람들이 이 점을 놓치고 있는 것을 보면 놀랍습니다.

이처럼 복음을 어떻게, 누구에게 전할 것인지 살펴본 후에 반드시 고찰해야 할 점은 왜 복음을 이처럼 큰 소리로, 담대하게, 두려움 없이 선포해야 하느냐 하는 것입니다. 그 대답 역시 동일합니다. 구주와 그의 구원 때문인 것입니다. 첫째로, 그는 우리 하나님이십니다. 이사야는 "너희 하나님을 보라!"라고 말합니다. 이 말의 의미는 3-5절에서 이미 살펴보았습니다. 무엇보다 복음을 이렇게 선포해야 하는 두 번째 이유는 구주의 놀라운 성격 때문입니다. 이것이 오늘 본문의 특별한 주제입니다. 11절은 구주를 잃어버린 양 떼를 구하기 위해 오시는 목자로 묘사하고 있습니다. 바로 이것이 우리의 실상이요 형편입니다. 성경은 이 점을 빈번히 가르치고 있습니다. 이사야는 53:6에서 "우리는 다 양 같아서 그릇 행하여 각기 제 길로 갔거늘"이라고 말하는데, 그야말로 완벽한 묘사가 아닐 수 없습니다. 우리는 조물주이신 하나님을 떠나 먹을 것도 없고 보호도 받지 못하며 언제 들짐승들에게 당할지 모르는 광야로 들어와 버렸습니다. 여위고 기진하며 겁에 질린 채, 양 우리로 돌아가는 길을 찾지 못하고 있습니다.

그런데 감사하게도 복음 메시지는 여기에서 끝나지 않습니다. 하나님은 한 구원자를 보내 주셨습니다. 그가 바로 10절과 11절에 나오는 분입니다. 성령이 여기에서 계시해 주시는 바가 무엇입니까? 잃어버린 양 떼를 찾아 구하기 위해 오신 목자의 그림을 통해 알려 주시는 바가 정확히 무엇입니까? 이 그림을 보면 얼핏 모순이 되는 것처럼 보이는 두 가지 특질, 즉 강함과 부드러움이 눈에 띄게 뒤섞인 채 결합되어 있는 것을 알 수 있습니다. 이 두 가지 특질은 주님의 삶과 가르침에 나타나는 요소이자, 우리의 구원에 절대적으로 필요한 요소이기도 합니다.

첫째로, 이사야는 구원자의 강함에 대해 이야기합니다. 그는 이 특질을 강조하고 있습니다. "보라, 주 여호와께서 장차 강한 자로 임하실 것이요 친히 그의 팔로 다스리실 것이라"[10절]. 여기에서 "강한 자"라는 말은 "강한 자를 대적하는 자"라는 말로도 번역될 수 있는데, 어느 쪽으로 번역하든 괜찮습니다. 성경은 곳곳에서 이 점을 확실하게 가르치고 있습니다. 우리는 우리를 사로잡고 있는 세력, 하나님과 그의 축복으로 나아가지 못하도록 막고 있는 모든 세력으로부터 구원을 받아야 합니다. 그 세력이 무엇입니까? 자, 첫째로, 하나님의 율법과 율법의 요구가 있습니다. 둘째로, 우리 안에서 우리를 지배하고 있는 죄가 있습니다. 셋째로, 사탄을 비롯한 온갖 악한 권세들이 있습니다. 마지막으로, 죽음과 무덤도 대면해야 합니다.

이처럼 우리를 에워싼 세력들을 하나라도 처리할 수 있었던 인간은 단 한 명도 없습니다. 그런데 하나님이 아들을 보내서 이 모든 악한 권세들을 처리하셨다는 큰 구원의 소식이 임했습니다. 사도 바울은 다음과 같이 쓰고 있습니다. "율법이 육신으로 말미암아 연약하여 할 수 없는 그것을 하나님은 하시나니 곧 죄로 말미암아 자기 아들을 죄 있는 육신의 모양으로 보내어 육신에 죄를 정하사……우리에게 율법의 요구가 이루어지게 하려 하심이니라"^{롬 8:3-4}. 죄 가운데 태어난 인간은 율법의 요구를 채울 수 없지만, 하나님이요 인간이신 하나님의 아들, 죄가 전혀 없는 분, 진정한 인간이면서 그 이상으로 하나님이신 분이 오셨습니다. 더 나아가 그는 홀로 이 일을 하셨으며, 친히 이 모든 일을 하셨습니다. "그의 팔로 힘을 보이사"^{눅 1:51}. 그는 율법을 지키셨고, 아무 죄도 짓지 않으셨으며, 가장 심각한 악과 사탄을 물리치고 정복하셨습니다. 그는 겟세마네 동산에도 홀로 계셨고, 십자가에도 홀로 달리셨습니다. 그는 우리의 죄와 형벌을 전부 감당하실 만큼 강한 분이셨습니다. 하나님은 "능력 있는 용사"에게 "돕는 힘을 더하"셨습니다^{시 89:19}. 후에 선지자 이사야가 그에 관해 기록한 그대로입니다. "내가 홀로 포도즙 틀을 밟았는데"^{사 63:3}.

주님의 부활과 승천에서 볼 수 있듯이, 그는 죽음과 무덤도 정복하셨습니다. 오순절은 그 최종적인 증거입니다. 주님은 대제사장의 기도에서 이렇게 아뢰었습니다. "아버지께서 내게 하라고 주신 일을 내가 이루어 아버지를 이 세상에서 영화롭게 하였사오니"^{요 17:4}. 10절에서 이사야는 구주가 큰 상급을 받으실 것이라고 예언하며, 더 나아가 그 상급을 땅 위에서 받으실 것이라고 말합니다. "보라, 상급이 그에게 있고 보응이 그의 앞에 있으며." 이 말은 사실로 입증되었습니다. 우리는 히브리서에서 이런 말씀을 읽습니다. "오직 그리스도는 죄를 위하여 한 영원한 제사를 드리시고 하나님 우편에 앉으사 그 후에 자기 원수들을 자기 발등상이 되게 하실 때까지 기다리시나니" 히 10:12-13. "그는 그 앞에 있는 기쁨을 위하여 십자가를 참으사 부끄러움을 개의치 아니하시더니" 히 12:2. 또한 바울은 빌립보 사람들에게 다음과 같이 쓰고 있습니다. "이러므로 하나님이 그를 지극히 높여 모든 이름 위에 뛰어난 이름을 주사" 빌 2:9.

주님은 승천하시기 전에 제자들에게 "하늘과 땅의 모든 권세를 내게 주셨으니"라고 말씀하셨습니다 마 28:18. 그에게는 자신을 믿는 모든 자들에게 주실 구원과 영원한 생명이 있습니다. 이사야가 저 위대한 53장에서 말한 그대로입니다. "그가 자기 영혼의 수고한 것을 보고 만족하게 여길 것이라. 나의 의로운 종이 자기 지식으로 많은 사람을 의롭게 하며 또 그들의 죄악을 친히 담당하리로다" 11절.

여러분, 이제 그리스도가 어떤 분이신지 알겠습니까? 여러분 자신이 다른 이는 도저히 구해 줄 수 없는 형편과 처지에 처해 있음을 알겠습니까? 그가 여러분을 위해 무슨 일을 하셨는지 알겠습니까? 원수, 특히 죄라는 원수와 그 죄 때문에 우리를 대적하는 율법은 정복되었습니다. 주님이 강한 팔로 우리를 하나님과 화목케 해주셨습니다. 그리스도인의 구원은 오직 그분 안에 있습니다.

5.

선한
목자

사 40:9-11

아름다운 소식을 시온에 전하는 자여, 너는 높은 산에 오르라.
아름다운 소식을 예루살렘에 전하는 자여, 너는 힘써 소리를 높이라.
두려워하지 말고 소리를 높여 유다의 성읍들에게 이르기를 너희의 하나님을 보라 하라.
보라, 주 여호와께서 장차 강한 자로 임하실 것이요
친히 그의 팔로 다스리실 것이라.
보라, 상급이 그에게 있고 보응이 그의 앞에 있으며
그는 목자같이 양 떼를 먹이시며 어린양을 그 팔로 모아 품에 안으시며
젖 먹이는 암컷들을 온순히 인도하시리로다.

이사야 선지자는 하나님이 인류를 구원하고 구속하기 위해 세상에 보내 주겠다고 약속하신 구원자에 대해 묘사하고 있는데, 우리는 그의 뛰어난 묘사를 계속해서 고찰하고 있는 중입니다. 이 그림은 이중적입니다. 10절은 구원자의 힘과 능력에 대한 것으로서, 이사야는 그가 이러한 힘과 능력을 지니신 분임을 아주 분명하게 보여주고 있습니다. 그는 인간의 원수들과 우리를 에워싸고 있는 모든 세력을 처리하기 위해 오셨습니다. 그는 능히 이 일을 하실 만큼 강한 분으로서, 실제로 이 일을 완수하셨습니다. 모든 원수를 처리하시고 정복하셨으며, 그 능력을 나타내심으로 우리를 위해 영원한 구속을 이루셨습니다. 이것이 10절의 그림입니다. 그는 강한 정복자시요, "장차 강한 자로 임하실" 분이요, 이사야가 말하는바 "친히 그의 팔로 다스리실" 분, "상급이 그에게 있고 보응이 그의 앞에 있"는 분입니다. 마귀가 제 힘을 다 동원했음에도 그는 마귀를 제압하고 정복하셨으며, 더 나아가 죽음과 무덤까지 정복하셨습니다.

그런데 11절을 표면적으로만 보면 완전히 다른 그림이 나오는 것 같습니다. 11절은 아주 부드러우신 분, 온유하시며 인내하시는 분, 오래 참으시고 이해하시는 분을 그리고 있습니다. 이 점을 강조해야 하는 이유는 이 또한 기독교 메시지의 긴요한 부분으로서, 비록 두 그림이 달라 보이기는 하지만 사실 그 차이는 표면적인 것에 불과하기 때문입니다. 이 두 측면은 이 한분, 위대하신 분, 하나님의 아들이요 세상의 구주 되신 분의 양면을 이루고 있습니다. 두 가지 다 그의 특질로서, 둘 중에 어느 한쪽을 무시하는 것은 아주 잘못된 태도일 뿐 아니라 극히 위험한 태도입니다. 그에게 힘이 없었다면 저는 이 메시지를 전하지 못할 것입니다. 그가 그처럼 부드러우신 것은 그만큼 강한 분이시기 때문입니다. 부드러움이 필요한 만큼 강함도 필요합니다.

우리 구주 되신 주님은 항상 동일하십니다. 그가 어떤 사람, 어떤 문제를 바라보시는지에 따라 각기 다르게 보일 뿐입니다. 사탄과 죄와 악, 우리를 대적하는 모든 것, 하나님을 거스르고 세상을 망쳐 버린 모든 것을 바라보실 때에는 무자비하시다는 생각까지 듭니다. 그것들을 바라보실 때에는 확실히 강하고 능한 모습을 보이십니다. 그런데 여기에서 그가 바라보시는 대상은 그런 것들이 아니라 바로 우리입니다. 죄와 수치와 불행 가운데 있는 인간을 바라보시는 것입니다. 우리를 바라보시는 주님에게서 발견되는 모습은 이것입니다. "그는 목자같이 양 떼를 먹이시며 어린양을 그 팔로 모아 품에 안으시며 젖 먹이는 암컷들을 온순히 인도하시리로다." 그는 고통받는 곤고한 백성들을 바라보십니다. 그러한 주님을 진정으로 마주 바라볼 때 발견하는 모습이 바로 이것입니다.

이제 이 위대한 그림을 같이 살펴보도록 합시다. 중심이 되는 큰 원리는 여전히 똑같다는 점에 다시 한 번 주목하시기 바랍니다. "성경 전체의 중대한 메시지는 오직 하나"라는 말은 어떤 면에서 지극히 맞는 말입니다. 모든 사람에게 주시는 그 메시지는 바로 **그를 바라보라**는 것입니다. 다른 사람은 보지 말라는 것입니다. 이것이 "너희의 하나님을 보라!"라고 말하는 이사야 40:9이 우리 마음에 깊이 각인시키고 있는 내용입니다. 이것은 좋은 소식입니다. 기독교는 바로 이런 것입니다. 기독신앙은 도덕이나 국제 분쟁을 조정하기 위한 체제나 그 비슷한 것이 아닙니다. 기독교는 본질적으로 그리스도 그 자체입니다. 그리스도로 시작되고 그리스도로 끝납니다. 이것은 저의 이론이 아니라 신약성경의 가르침입니다. 성경은 그를 "알파와 오메가"라고 부릅니다[계 1:8]. 그는 만유 안에 계신 만유입니다. 모든 것이 그 안에 있습니다. 주 예수 그리스도를 바라보지 않는 사람은 기독교에 대해 아무것도 모르는 사람입니다.

제가 왜 그리스도를 바라보아야 한다고 강조하는지 의아해하는 분들도 있을 것입니다. 한 가지 이유가 있습니다. 저는 치명적인 착각—기독교를 여러분과 제가 **해야** 하는 무언가로 생각하려는 경향—이 여전히 사람들의 정신을 붙잡고 장악함으로써 구원의 축복을 빼앗고 있다는 사실을 발견했습니다. 그들은 그리스도를 바라보지 않습니다. 다른 것들은 거의 다 바라보면서도 이분, 주 예수 그리스도는 바라보지 않습니다. 그러나 이분이야말로 기독교의 전부입니다. 그를 떠난 기독교 메시지란 존재하지 않습니다.

　구주가 오셨다는 것이야말로 좋은 소식입니다. 그러므로 그가 누구신지 반드시 알아야 합니다. 그가 우리 하나님이심을 알아야 합니다. 단순한 인간이나 홀연히 배출된 위대한 스승이 아님을 알아야 합니다. 그는 홀연히 등장한 대단한 철학자가 아닙니다. 그렇습니다. 그는 어떤 범주에도 속하지 않은 분이십니다. 이 세상에 속하지 않은 분이십니다. 이 세상을 찾아온 분이십니다. 기독교의 근본 메시지는 성육신, 즉 하나님의 아들이 이 세상에 오셨다는 것입니다. 영원하신 분이 시간 속으로 들어오셨다는 것입니다. 이것이 기독교 메시지의 전부입니다. 나사렛 예수를 단순한 인간으로 보는 것은, 설령 그를 지금껏 세상에 살았던 인물 중에 가장 위대한 인물로 여긴다 하더라도 그리스도인다운 생각이 아닙니다. "너희의 하나님을 보라." 그가 누구신지 보고, 그가 우리를 위해 무슨 일을 하셨는지 보아야 합니다.

　이제 구체적으로 이 점을 연구해 봅시다. 이 점을 연구하려 할 때, 곤고한 인간이 여기 묘사된 것과 같은 구주를 거부한다는 것은 거의 이해할 수 없는 일이라는 말을 하지 않을 수가 없습니다. 어떻게 주 예수 그리스도를 욕하고 저주하며 필요 없다고 일축해 버릴 수가 있습니까? 어떻게 우리를 대적하는 엄격한 감독관으로 생각할 수가 있습니까? 그렇습니다. 여기 기록되어 있는 이 아름다운 모습이 그의 참모습입니다. 이것은 피곤하고 지치고 슬프고 상심한 모든 사람, 삶에 심히 시달리고 망가진 모든 사람을 위한 메시지인 것이 확실합니다. 주님의 초상을 바라볼 때 우리 모두에게 은혜를 주시기를, 주님의 초상을 펼쳐 보이며 설명할 수 있는 은혜를 저에게 주시며 이것을 받아들이는 모든 사람에게 은혜를 주시기를 원합니다.

사랑하는 여러분, 바로 이 모습에서 여러분의 모든 어려움이 해결됩니다. 모든 의심이 처리되고, 모든 핑계가 사라집니다. 이것은 너무나 영광스러운 그림, 넘치도록 영광스러운 그림이기 때문에 진심으로 이 그림을 보는 사람은 서둘러 환영하고 믿고 받아들이며 굴복할 것입니다.

제가 이렇게 본론 밖의 이야기를 하는 데에는 그럴 만한 이유가 있습니다. 요한복음 10장을 직접 읽어 보십시오. 오늘 본문이 그리고 있는 이 복되신 분이 실제로 사람들 가운데 사시면서 그들에게 말씀하시는 모습, 친히 자신을 설명하시는 모습을 볼 수 있습니다. 사람들은 그의 얼굴과 눈을 직접 들여다보았으면서도, 자기들 눈앞에서 방금 일어난 자비와 긍휼의 기적에 대한 설명을 직접 들었으면서도 믿지 못했고 받아들이지 못했습니다. 오히려 주님이 분명하게 말씀해 주시지 않는다고 생각했습니다. 유대인들을 향해 "나는 선한 목자"[11절]요 "양의 문"[7절]이라고 밝히셨는데도 주님께 나아와 "당신이 언제까지나 우리 마음을 의혹하게 하려 하나이까? 그리스도이면 밝히 말씀하소서"라고 요구했습니다. 주님은 그들에게 대답하셨습니다. "내가 너희에게 말하였으되 믿지 아니하는도다. 내가 내 아버지의 이름으로 행하는 일들이 나를 증거하는 것이거늘 너희가 내 양이 아니므로 믿지 아니하는도다"^{24-26절}.

세상의 가장 큰 비극은, 주님이 이미 오셨고 여기 나오는 이사야의 말이 전부 사실임에도 여전히 무언가를 요구한다는 것, 하나님이 아들을 주심으로 이미 모든 일을 하셨고 모든 것을 주셨음에도 여전히 무언가를 주지 않고 아끼고 계신다고 생각한다는 것입니다. 본문이 완벽하게 그리고 있는 이 영광스러운 그림을 보면서, 우리 모두가 과거와는 완전히 다른 방식으로 하나님의 아들을 보게 되기를 기도합니다. 특별히 그를 한 번도 보지 못한 사람이 있다면 바로 지금 그를 보게 되기를, 그의 모든 측면을 보게 되기를, 자신에게 꼭 필요한 바로 그 구주를 보게 되기를 기도합니다.

이미 지적했듯이 주님이 친히 이사야 40:11을 설명해 주신 것은 참으로 다행스러운 일입니다. 요한복음 10장에는 이 구절에 대한 완벽한 주해가 나옵니다. 저의 바람은 한시라도 빨리 그의 모습을 제시해 드리는 것입니다. 원리를 추출해서 제시하고 강조하되, 가능한 한 간단하고 직접적으로 하기를 원합니다. 그 옛날 유대인들처럼 메시지를 듣고서도 깨닫지 못하는 사람들이 이 자리에 있음을 알기 때문입니다. 그들은 믿고 싶다고 말합니다. "분명하게 설명해 달라"라고 말합니다. 그러나 분명하게 설명해도 여전히 깨닫지 못합니다. 그러니 다시 한 번 살펴보도록 합시다.

첫째로, 우리는 이사야가 **관계**에 대해 말하고 있음을 발견하게 됩니다. "그는 **목자같이** 양 떼를 먹이시며." 그리스도인들에게 해당하는 첫 번째 사실은, 그들이 주 예수 그리스도와 특별한 관계를 맺고 있는 사람들이라는 것입니다. 주님은 요한복음 10장에서 이 문제를 다루시는데, 그것을 읽어 보면 세상이 두 무리―그의 양과 그의 양이 아닌 자들―로 나뉜다는 것을 알 수 있습니다. 따라서 모든 사람이 그와 이런 관계를 맺는 것은 아님을 깨달아야 합니다. 모든 사람이 그리스도인인 것은 아닙니다. 모든 영국인이 그리스도인인 것 또한 아닙니다. 이것은 "기독교 나라"니 "기독교 국가"니 하는 말들이 결국은 다 어리석은 것임을 보여줍니다. 그런 것은 존재하지 않습니다. 국적을 따져서 그리스도인지 아닌지 결정할 수는 없습니다. 결코 그럴 수 없습니다! 그 근본적인 분류 및 구분이 여기 나오고 있습니다. 그리스도인이 된다는 것은 곧 그리스도와 특별하고 각별한 관계를 맺는다는 뜻입니다. 다시 말해서, 그리스도인과 비그리스도인 사이에는 분명하고도 뚜렷한 차이가 있다는 것입니다. 이것은 성경의 아주 기본적인 가르침입니다. 구약성경도 이 구분을 강조하고 있습니다. 이스라엘 자손은 하나님의 특별한 백성이었던 데 반해 다른 나라들은 그렇지 않았습니다. 다른 나라들은 우상과 다른 여러 신들을 섬겼습니다. 오직 이 한 백성만 하나님의 택함을 받았습니다. 우리 마음에 들든 들지 않든, 이것은 분명한 사실이요 역사적인 사실입니다. 모든 사람은 지금 이 순간 그리스도인이든 아니든 둘 중에 하나라는 것이 신약성경 전체의 기본적인 가르침입니다. 이것이 이 특별한 관계의 첫 번째 측면입니다.

이 관계의 두 번째 측면은, 그리스도인이란 그리스도와 특별한 관계를 맺고 있는 자들일 뿐 아니라 그에게 속한 자들이라는 것입니다. "그는 목자같이 **양 떼**를 먹이시며." 요한복음 10장에서 주님은 "**내 양**"이 있다고 하시며, 그 사실을 반복해서 말씀하고 계십니다. 더 나아가 자신의 양을 안다고도 말씀하십니다. "나는 선한 목자라. 나는 내 양을 **알고**"14절. 이것은 양을 피상적이고 일반적으로만 아신다는 뜻이 아니라 그들에게 특별한 관심을 기울이신다는 뜻입니다. 그가 양을 아신다는 것은 한 마리 한 마리 다 염려하신다는 뜻입니다. 아니, 그는 여기에서도 더 나아가 "양의 이름"도 전부 안다고 말씀하십니다. 그는 우리 한 사람 한 사람을 다 알고 계십니다. 이처럼 그리스도인이 된다는 것은 주 예수 그리스도와 개인적인 관계를 맺는다는 뜻입니다. 그가 영광 가운데 하나님 우편에 앉아 계시면서도 땅을 굽어보신다는 뜻이며 나를 알고 계신다는 뜻입니다. 그는 그리스도인 한 사람 한 사람을 개별적으로 알고 계시며, 그 이름을 알고 계시고, 각 사람에게—나에게—개인적인 관심을 기울이고 계십니다. 이것이 기독교 가르침의 핵심입니다.

몇 가지 견해만 고수한다고 해서 그리스도인이 되는 것이 아닙니다. 몇 가지 견해를 고수하며 그것을 실천하기 위해 애쓴다고 해서 그리스도인이 되는 것도 아닙니다. 결코 아닙니다! 그리스도인이 된다는 것은 나사렛 예수로 알려진 이분, 목수로 일하셨던 이분, 나이

서른이 되어 설교하기 시작하셨고 십자가에 못 박혀 죽으시고 장사 지낸 바 되었다가 다시 살아나 승천하신 이분, 성령을 보내 주신 이분과 관계를 맺는 것입니다. 그리스도인은 그가 자신을 아신다는 것, 자신을 주목하신다는 것, 각 사람에게 "너는 내 것이다. 내 양이며 내 특별한 소유다"라고 말씀하신다는 것을 압니다.

더 나아가 이 관계의 세 번째 측면을 보여드리겠습니다. 이사야는 말합니다. "그는 목자같이 **양 떼를** 먹이시며." 그들은 어떻게 그의 양 떼가 되었을까요? 그는 무슨 권리로 그들을 자기 양 떼로 부르셨을까요? 이 백성은 어떻게 그의 특별한 백성이자 소유가 되었을까요? 주님이 요한복음 10장에서 말씀하셨듯이, 그 대답은 그가 양을 위해 목숨을 버리셨기 때문이라는 것입니다[15절]. 그리스도인들이 주 예수 그리스도께 속한 자가 되고 그의 특별한 소유가 된 것은 그가 그들의 죄를 지고 갈보리 십자가에서 죽으심으로 그들을 사신 덕분입니다. 이것이야말로 기독신앙의 가장 의미 깊은 진술입니다. 여러분은 신약성경이 이 진리를 계속 이야기하고 있음을 발견할 것입니다. 고린도 교회의 그리스도인들이 범한 몇 가지 죄가 있었습니다. 사도 바울은 그들에게 감히 그런 행동을 할 권리가 없음을 지적하면서, 다음과 같이 그 이유를 밝히고 있습니다. "너희는 너희 자신의 것이 아니라. 값으로 산 것이 되었으니"[고전 6:19-20]. 바울은 말합니다. "너희는 너희 마음대로 행할 권리가 없다. 주 예수 그리스도가 너희를 위해 죽으심으로 값을 치르고 너희와 너희 영혼을 사셨기 때문이다."

선한
목자

사도 베드로도 다음과 같은 사실을 상기시킵니다. "헛된 행실에서 대속함을 받은 것은 은이나 금같이 없어질 것으로 된 것이 아니요 오직 흠 없고 점 없는 어린양 같은 그리스도의 보배로운 피로 된 것이니라"^{벧전 1:18-19}. 이것은 주님의 종들이 생각하기 전에 주님이 이미 다 말씀해 주신 것입니다. 주님은 "나를 선한 목자로 만든 일은 양을 위해 목숨을 버린 것"이라고 하셨습니다.

그리스도인들은 자리가 바뀐 사람들입니다. 전에는 세상에 속해 있었지만, 지금은 그렇지 않습니다. 어떤 의미에서 자기 자신에게 속해 있었지만, 지금은 그렇지 않습니다. 바울은 말합니다. "그런즉 이제는 내가 사는 것이 아니요 오직 내 안에 그리스도께서 사시는 것이라"^{갈 2:20}. 이제 나는 내 것이 아닙니다. **전에는** 내 것이었습니다. 내가 내 삶을 다스렸고 내 삶에 대한 권리를 주장했습니다. 다음과 같이 말한 시인처럼 말했습니다.

나는 내 운명의 주인,
내 영혼의 선장이다.

— 윌리엄 헨리^{William Henry}

전에는 "내 삶에 명령을 내리는 사람은 나다. 나는 내가 하고 싶은 대로 할 것이다. 하나님이 뭐라고 하든 상관없다. 남들이 뭐라고 하든 상관없다. 내가 원하면 그만이다"라고 말했습니다. 그러나 그리스도인은 더 이상 그렇게 말하지 않습니다. 그리스도인은 자신에게 어떤 권리도 없다는 것을 알며, 그런 권리를 가지고 싶어 하지도 않습니다.

그리스도인은 그리스도 안에서 하나님의 소유가 되었다는 사실에 감사를 드립니다. 그리스도가 자신을 붙잡고 계신다는 사실과 자신이 그의 것이며 그의 양 떼에 속한 양이라는 사실에 감사를 드립니다. 그리고 자신의 영혼을 위해 피를 흘리시며 죽기까지 사랑해 주신 그리스도께 집중합니다. 바로 이 방법으로 주님은 우리와 이 같은 관계를 맺으셨습니다. 우리를 사랑하여 자신을 내어 주심으로 우리에 대한 권리를 얻으시고 우리를 자기 것으로 삼으신 것입니다.

그리스도인이 주님과 맺는 이 유일무이한 관계에 대한 고찰을 마치기 전에, 주님에게도 해당되고 우리에게도 해당되는 한 가지 사실을 강조해야겠습니다. 양 떼의 입장에서 볼 때 이 관계의 특징은 무엇입니까? 주님이 친히 대답해 주고 계십니다. 그의 양은 그의 음성을 알아듣습니다. "타인의 음성은 알지 못하"지만 요 10:5 그의 음성은 압니다. 주님은 이 점을 계속해서 말씀하고 계십니다. "내 양의 특징은 내 음성을 알아듣는 것이다. 내 양은 내 음성을 듣고 나를 따라온다. 타인의 음성은 듣지도 않고 따라가지도 않는다. 그들을 따라가면 어떻게 되는지 알기 때문이다. 전에는 타인의 음성을 따라갔다. 그러다가 비참해지고 길을 잃었으며, 불행하게 세상의 광야를 헤매다녔다. 내 양은 더 이상 그렇게 되기를 원치 않는다. 이제는 내 음성을 알고 나를 따라온다."

우리 모두 이 사실을 분명하고 명확하게 알고 있는지 모르겠습니다. 그리스도인은 주 예수 그리스도를 알아보는 사람, 그의 음성을 알아듣는 사람들입니다. 좀 더 교리적으로 말하자면, 그리스도에 대한 진리를 알고 믿고 받아들이는 사람들입니다. 그들이 무엇보다 먼저 아는 것은 나사렛 예수야말로 참 유일하신 하나님의 독생자라는 것입니다. 그리스도인은 "너희의 하나님을 보라"라는 이 메시지가 진리임을 압니다. 나사렛 예수에 대해 듣고서도 그는 인간에 불과하다고 말하는 자들이 세상에 얼마나 많은지 생각해 보십시오. 그들은 예수를 모르고 있습니다. 바울은 그리스도가 이 땅에 계셨을 때 세상의 관원들도 그를 알지 못했다고 말합니다. 만약 알았다면 "영광의 주를 십자가에 못 박지 아니하였"을 것이라고 말합니다^{고전 2:8}. 세상의 위대한 자들은 그를 거부했습니다. "이 목수는 대체 누구야?"라고 말했습니다. 그는 하나님의 아들이었지만, 그들은 그를 알지 못했기에 믿지 않았습니다. 그러나 그리스도인의 정의는 '그를 알며 그에 대한 진리를 아는 사람들'입니다. 그들은 "하나님이 세상을 이처럼 사랑하사 독생자를 주셨"다는 것을 압니다^{요 3:16}.

더 나아가 그리스도인은 아들이 십자가에서 이루신 바로 그 일을 위해 오셨다는 것을 압니다. 그리스도인은 자신들이 죄인으로서 아무리 애를 써도 스스로 구원할 수 없다는 사실을 압니다. 자신들이 하나님의 율법에 순종하지 않았다는 사실과 마음으로부터 하나님을 미워했다는 사실, 언제라도 하나님과 하나님의 말씀과 하나님이 하신 일을 오해할 수 있다는 사실을 압니다. 그들은 자신들이 하나님을 반역한 원수로서, 이보다 더 큰 죄는 없다는 것을 압니다. 자신들의 행동보다 하나님에 대한 태도를 더 큰 죄로 여깁니다. 자신들은 하나님을 영화롭게 하는 삶을 살지 않았습니다. 하나님을 최고로 높이는 삶을 살지 않았습니다. 그들은 자신들이 죄인이며 형벌받아 마땅한 자들임을 압니다. 그래서 그리스도가 "잃어버린 자를 찾아 구원하려" 왔다고 하실 때 불쾌해하는 것이 아니라 고마워합니다^{눅 19:10}.

그리스도가 잃어버린 자를 찾아 구원하기 위해 왔다고 말씀하셨을 때보다 더 사람들이 불쾌해했던 적은 없습니다. 요한복음 8장에 그 특별한 예가 나오고 있습니다. 어느 날 오후, 사람들이 성전 뜰에 모여 주님의 가르침을 듣고 있었습니다. 요한이 "이 말씀을 하시매 많은 사람이 믿더라"라고 말하는 것으로 볼 때^{30절}, 사람들은 그가 말씀하신 내용을 상당히 좋아했던 것이 분명합니다. 그런데 주님은 그들을 향해 말씀하셨습니다. "너희가 내 말에 거하면 참으로 내 제자가 되고 진리를 알지니 진리가 너희를 자유롭게 하리라"^{31-32절}.

그때 사람들이 "아멘! 할렐루야!" 하고 소리쳤습니까? 아닙니다! 그들은 깜짝 놀라 뒷걸음질을 쳤고, 점잔을 빼면서 말했습니다. "우리가 아브라함의 자손이라. 남의 종이 된 적이 없거늘 어찌하여 우리가 자유롭게 되리라 하느냐?"^{33절} 요컨대 "우리는 당신이 주겠다는 자유를 원치 않는다"라는 것입니다. "우리는 절대 종이 될 리가

선한
목자

없다"라는 것입니다. 그들은 이런 말을 하는 자신들이야말로 죄의 종이요 마귀의 종이요 자아의 종이요 세상의 종이라는 것을 알지 못했습니다.

아, 바로 이것입니다. 거듭 말하건대, 그리스도인은 자신들이 죄인임을 아는 사람들입니다. 그리스도가 자신들을 구속해 주시기 위해, 악한 행동과 하나님에 대한 적개심으로 인해 마땅히 받아야 할 형벌과 진노에서 구해 주시기 위해 세상에 오셨다는 것을 알며, 유대인들처럼 십자가를 불쾌하게 여기거나 거치는 것으로 여기기는커녕 다음과 같이 말하는 사람들입니다.

> 영광의 왕 달려 죽으신
> 놀라운 십자가 생각할 때
> 가장 큰 유익도 해로 여기고
> 그 모든 자랑도 비웃게 되네.
>
> — 아이작 와츠

십자가는 그리스도인에게 영광스러운 것입니다. 자, 그리스도인은 그리스도를 압니다. 그가 하나님의 아들이요 영혼의 구주로서 자신들을 해방시키기 위해 죽으셨음을 압니다. "양들이 그의 음성을 아는 고로"요 10:4. 그들은 그의 음성을 듣고 그의 음성에 귀를 기울입니다. 그리고 그를 따라갑니다. 이것이 그리스도인 쪽에서 볼 때 이 관계를 결정짓는 요소입니다.

그러므로 다음과 같이 말해 볼까요? 그리스도인은 그리스도와 특별한 관계를 맺고 있는 사람들입니다. 맞습니다. 그들은 그 사실을 압니다! 그 사실을 의심치 않습니다. 자신들이 왜 그리스도인인지, 어떻게 그리스도인이 되었는지, 무엇이 자신들을 그리스도인으로 만들었는지 말할 수 있습니다. 그들은 "글쎄요, 전 오랫동안 불행하게 살았습니다. 이제껏 무언가를 찾아 헤맸는데, 그리스도가 어떤 식으로든 해결해 주시리라 믿습니다"라고 말하지 않습니다. 결코 그렇게 말하지 않습니다! 그리스도인은 하나님의 아들이 "나를 사랑하사 나를 위하여 자기 자신을 버리"셨다고 말합니다^{갈 2:20}. 논의를 더 진전시키기 전에 묻겠습니다. 여러분은 그를 알고 있습니까? 주 예수 그리스도가 여러분 개인의 구주시요 구속자이심을 알고 있습니까? 하나님의 아들이 여러분을 사랑하여 여러분을 위해 십자가에서 죽으셨음을 알고 있습니까? "내 양은 나를 안다"라고 그는 말씀하셨습니다. 그러므로 무언가 모호하고 분명치 않은 느낌이 있는 사람—"구원받았으면 좋겠다"라고 말하는 사람—은 그리스도인이 아닙니다.

이처럼 그리스도인은 주 예수 그리스도와 특별한 관계를 맺고 있는 사람들입니다. 셋째로, 저는 그가 자신에게 속한 사람들에게 공급하시는 것에 주의를 환기시키고 싶습니다. "그는 목자같이 양 떼를 **먹이시며**." "먹이시며"는 '돌보신다'는 뜻으로서, 모든 돌봄을 포함하는 포괄적인 단어입니다. 그는 양에게 필요한 일을 전부 해주십니다. 그가 양을 위해 해주시는 일이 무엇입니까? 요한복음 10장에서 친히 지적하시듯이, 그가 첫 번째로 하시는 일은 생명을 주시는 것입니다. 그는 말씀하십니다. "내가 문이니 누구든지 나로 말미암아 들어가면 구원을 받고 또는 들어가며 나오며 꼴을 얻으리라. 도둑이 오는 것은 도둑질하고 죽이고 멸망시키려는 것뿐이요 내가 온 것은 양으로 생명을 얻게 하고 더 풍성히 얻게 하려는 것이라"[9-10절].

오, 이것을 쉽고 분명하게 설명할 수 있었으면 좋겠습니다! 주 예수 그리스도가 여러분을 위해, 여러분에게 해주시는 첫 번째 일은 새로운 생명, 자신의 생명, 더 풍성한 생명을 주시는 것입니다. 이 점이 얼마나 중요한지 모릅니다. 기독교는 선물로 찾아온다는 사실을 무엇보다 먼저 깨달아야 합니다. 기독교는 먼저 무슨 일을 하라고 시키지 않습니다. 그것은 불가능합니다. 먼저 무슨 일을 하라는 것은 우리에게 저주입니다. 그렇습니다. 그리스도는 **생명**이라는 말이 의미하고 장려하며 대표하는 모든 것을 주기 위해 오셨습니다. 이것은 순수한 선물로 주어집니다. 우리 모든 사람의 선천적인 문제점은 머리로 이해가 되어야 혜택도 입을 수 있다고 생각하는 것입니다. 우리는 "양으로 생명을 얻게 하고 더 풍성히 얻게 하려는 것이라"라는 그리스도의 말씀을 읽거나 들을 때, "도무지 무슨 뜻인지 모르겠는데. '생명을 얻게 한다'는 게 대체 뭐지? 어떻게 생명을 얻게 할 수 있다는 거야?"라고 말합니다. 제가 하려는 말은 그가 여러분에게 새로운 생명, 영적이고 기적적인 생명, 여러분이 이해할 수 없는 생명을 주신다는 것입니다. 머리로 이해하려고 애쓰지 마십시오.

　머리로 이해하려고 애쓰는 사람은 니고데모와 같은 실수를 범하는 것입니다. 주님은 그에게 말씀하셨습니다. "진실로 진실로 네게 이르노니 사람이 거듭나지 아니하면 하나님의 나라를 볼 수 없느니라"요 3:3. 주님은 5절에서 이렇게 반복하십니다. "사람이 물과 성령으로 나지 아니하면 하나님의 나라에 들어갈 수 없느니라."

　그러자 그 대단한 니고데모가 물었습니다. "사람이 늙으면 어떻게 날 수 있사옵나이까? 두 번째 모태에 들어갔다가 날 수 있사옵나이까?"요 3:4 그의 말은 "당신은 저에게 생명을 주겠다고 하십니다. 그런데 어떻게 그러실 수가 있습니까? 어떻게 이 나이에 생명을 얻을 수 있다는 것입니까? 제가 과거로 돌아가 다시 태어날 수 있다는 말씀입니까? 도무지 이해가 안 되는군요"라는 것입니다.

　주님은 이해하려 들지 말라고 하십니다. 이해하려 들지 말고 받아들이라고 하십니다. "바람이 임의로 불매 네가 그 소리는 들어도 어디서 와서 어디로 가는지 알지 못하나니 성령으로 난 사람도 다 그러하니라"요 3:8. 바람도 이해하지 못하면서, 어떻게 이 일을 이해하겠느냐는 것입니다. 바람 자체는 볼 수 없지만 바람이 어떤 영향을 끼쳤는지는 볼 수 있습니다. 성령으로 난 사람도 그렇다는 것입니다. 이것은 그리스도의 선물입니다. 그를 믿으십시오. 그러면 이 선물을 주실 것입니다. 새로운 시작, 새로운 출발, 새로운 본성, 새로운 생명을 주실 것입니다. 자신의 신적인 성품을 나누어 주실 것입니다. 이해하려 들지 마십시오. 믿고 받아들이고 수용하십시오. 이것이 주님의 메시지입니다.

주님은 사마리아 여인에게도 정확히 같은 말씀을 하셨습니다. 옆에 있는 우물을 가리키시면서 "이 물을 마시는 자마다 다시 목마르려니와 내가 주는 물을 마시는 자는 영원히 목마르지 아니하리니 내가 주는 물은 그 속에서 영생하도록 솟아나는 샘물이 되리라"라고 하셨습니다요 4:13-14. 바로 이것입니다. 여러분은 이 말씀을 이해할 수 있습니까? 아니, 아무도 이해할 수 없습니다. 저도 이해하지 못합니다. 그러나 그가 이렇게 말씀하셨습니다. 이것은 진실입니다. 그는 참으로 생명을 주십니다. "내가 온 것은 양으로 생명을 얻게 하고 더 풍성히 얻게 하려는 것이라"요 10:10. 불쌍한 양이 길을 잃고 광야를 헤매 다니는 장면을 기억하십니까? 먹을 것이 하나도 없습니다. 늑대와 개들이 괴롭힙니다. 양은 이리저리 뛰어다니며 종종걸음 치다가 인생의 광야에서 기진하고 지쳐서 죽어 갑니다. 그런 영혼에게 주님이 가장 먼저 주시는 것이 생명입니다. 새로운 생명과 활력과 힘과 능력입니다.

그뿐만이 아닙니다. 양식도 주시고 생계도 책임져 주십니다. 그는 양들이 "들어가며 나오며 꼴을 얻으리라"라고 말씀하십니다요 10:9. 더 이상 바랄 것이 없습니다. 먹을 것도 주시고, 우리에게 필요한 생계도 전부 책임지시며, 삶을 영위하는 데 필요한 모든 것도 채워 주겠다고 하십니다. 그가 주시는 것이 무엇입니까? 자, 여기 교훈과 명철의 말씀, 유한한 세상과 영원한 세상에 공히 해당되는 말씀이 있습니다. 양식을 원합니까? 여러분, 성경으로 나아오십시오. 성경은 하나님과 인간과 삶과 죽음과 영원에 대해서도 알려 줍니다. 대체 어떻게 살아야 하는지 알고 싶습니까? 여기 그 답이 있습니다. 현대 역사를 이해하고 싶습니까? 성경으로 나아와 예언들을 읽어 보고, 그 모든 예언들이 이제까지 어떻게 성취되어 왔는지 보십시오. 여기 양식이 있고, 명철이 있으며, 능력과 통찰이 있습니다. 무한히 많이 있습니다. 인도와 지도도 있고, 지혜와 사귐도 있으며, 기쁨과 행복과 평안도 있습니다. 그가 이 모든 것을 주십니다. 어느 시대든 하나님의 백성들은 이것을 증언해 왔으며, 오늘날에도 증언하고 있습니다.

이 점을 완벽하게 표현해 놓은 찬송이 있습니다.

저는 불쌍하고 비참하고 눈멀었는데

그렇습니다. 이 찬송은 이런 우리가 무엇을 얻으려고 주께 나아가는지 알려 주고 있습니다.

볼 수 있는 눈과 부요함, 마음의 치료,
제게 필요한 모든 것이 주께 있사오니
오, 하나님의 어린양이여, 주께로 제가 갑니다! 통일찬송가 339장 4절 참조

— 샬럿 엘리엇

또 다른 찬송은 이렇게 노래합니다.

내 영혼아, 하늘의 왕께 찬양하라.
그 발 앞에 예물을 바치어라.

왜 그래야 합니까? 여기 그 대답이 있습니다.

구속하시고 치료하시고 회복시키시고 용서하셨으니
주님처럼 찬양할 이 어디 계실까?^{통일찬송가 19장 1절 참조}

— H. F. 라이트^{Lyte}

"양으로 생명을 얻게 하고 더 풍성히 얻게 하려는 것이라." "들어가며 나오며 꼴을 얻으리라." 그는 생명을 주시되 항상 풍성히 주십니다. "그가 나를 푸른 풀밭에 누이시며 쉴 만한 물가로 인도하시는도다. 내 영혼을 소생시키시고……내게 상을 차려 주시고"^{시 23:2-3, 5}. 이 장면들을 생각해 보십시오. 이것은 전부 성경에 있는 것입니다. 참된 것입니다. 모든 그리스도인이 입증하는 것입니다.

그리스도께 나아가 그리스도인이 될 때, 여러분은 자신에게 새로운 생명이 생겼다는 것을 알 뿐 아니라 만족감도 얻게 됩니다. 제가 이 말씀을 드리는 것은 하나님과 구주께 영광을 돌리기 위해서입니다. 전에는 이런 만족감을 알지도 못했고 생각하거나 상상하지도 못했습니다. 그런데 이런 만족감뿐 아니라 주님 안에 있는 것들까지 전부 발견하게 됩니다. 주님 한분으로 충분합니다. 아니, 충분한 것 그 이상입니다. 그는 만유시며 만유 안에 계신 분이십니다. 온전히 충만한 분이십니다. 여러분의 주된 필요가 지적인 것이든 감정적인 것이든 철학적인 것이든 상관없습니다. 어떤 것이든 상관없습니다. 진정으로 그리스도께 나아가 그를 힘입어 살고 그의 공급을 받아 살며 그의 인도를 받는다면, 장담컨대 다시는 목마르지 않으리라는 말씀이 과연 사실임을 발견할 것입니다. 여러분에게 무슨 일이 닥치든, 여러분의 인생에 무슨 문제가 생기든, 어떤 재앙이 덮쳐 오든 상관없습니다. 오직 제가 아는 것은 여러분이 사도 바울처럼 말할 수 있게 된다는 것입니다. "어떠한 형편에든지 나는 자족하기를 배웠노니 나는 비천에 처할 줄도 알고 풍부에 처할 줄도 알아……내게 능력 주시는 자 안에서 내가 모든 것을 할 수 있느니라"^{빌 4:11-13}.

그의 돌보심에 대해서도 생각해 보시기 바랍니다. 이사야서의 그림이 말하는 바는 이것입니다. "어린양을 그 팔로 모아 품에 안으시며." 오, 얼마나 감사한 일입니까! 갓 태어난 어린양을 도우시는 목자의 모습이 여기 있습니다. 얼마나 위로가 넘치는 모습입니까! 이제 막 기독교 신앙을 갖게 된 어린 그리스도인이 있을 수 있습니다. 그러나 여러분, 자신이 연약하거나 무지하다고 해서 염려할 필요가 없습니다. 그는 선한 목자십니다. 어린양의 형편을 잘 아시기 때문에 여러분이 비틀거리거나 고민에 빠질 때 붙잡아 주시고 안아 주십니다. 그는 여러분의 무지함을 잘 알고 계십니다. 여러분의 연약함도 잘 알고 계십니다. 그러므로 어린 회심자라고 해서 두려워할 필요가 전혀 없습니다.

성경의 지적인 부요함에 대해서는 지금까지 계속 이야기해 왔습니다. 바울서신을 읽기 시작해서 골로새서까지 이른 사람은 "이게 다 무슨 소리지? 이해가 안 되는데!"라고 말할 것입니다. 또 주일에 위대한 서신을 강해하는 설교를 들으면서 "이해가 안 돼. 도무지 무슨 말인지 모르겠어"라고 말할 수도 있습니다. 그럴 때 낙심하며 포기하기 쉬운데, 그러지 마십시오! 그는 여러분에 대해 전부 알고 계십니다. 그의 손에 자신을 맡기십시오. 그가 여러분을 받아 주실 것입니다. 안아 주실 것입니다. 마침내 여러분이 생각하는 것보다 훨씬 더 많은 것을 알고 있다는 사실을 발견할 날이 이를 것입니다. 그에게 맡기십시오.

중국내지선교회를 만든 위대한 허드슨 테일러^{Hudson Taylor}는 "하나님을 믿으라"라는 본문을^{막 11:22} 다음과 같이 번역하는 것이 옳다고 말하곤 했습니다. "하나님의 신실하심을 신뢰하라." 이 번역은 여러분의 믿음을 강조하지 않습니다. 오히려 하나님을 간절히 붙들라고 말합니다. 허드슨 테일러는 "그렇다. 뒤집어서 생각하라"고 합니다. 하루 종일 뛰어다니며 놀다가 지쳐서 밤에 집으로 돌아온 어린아이는 너무나 힘든 나머지 자기가 뭘 원하는지, 뭘 먹고 싶은지도 모르고, 잠도 쉽게 들지 않습니다. 그 아이는 자기가 뭘 해야 하는지 모릅니다. 그러다가 결국은 아버지나 어머니 품에 안겨 모든 것을 잊은 채 잠들어 버립니다. 그 이유가 무엇일까요? 아버지와 어머니의 신실함을 믿기 때문입니다. 그 아이는 부모의 사랑을 알기에 편안하게 자기를 내맡깁니다. 더 이상 생각하지 않고 마음을 푹 놓은 채 편안하게 부모의 품에 안깁니다. 바로 이것입니다. 하나님의 신실하심을 붙드십시오. 이해가 되지 않아도, 그가 여러분의 모든 것을 알고 계신다는 사실과 여러분을 헌신적으로 돌보신다는 사실을 믿으십시오. 이것은 하나님이 친히 주신 약속입니다.

실제로 신약성경에는 하나님이 보잘것없고 약한 자들을 신실하게 사랑하신다는 증거들이 많이 있습니다. 사도 바울은 고린도 교인들에게 편지를 쓰면서 이렇게 말합니다. "형제들아, 너희를 부르심을 보라. 육체를 따라 지혜로운 자가 많지 아니하며 능한 자가 많지 아니하며 문벌 좋은 자가 많지 아니하도다. 그러나 하나님께서 세상의 미련한 것들을 택하사"^{고전 1:26-27}. 초대교회 그리스도인들은 노예였습니다. 강하고 대단한 자들은 별로 없었고, 노예들—평범하고 무지하고 무식한 보통 사람들—이 많았습니다. 그런데 그들이 하나님 나라에 들어와 축복을 누리기 시작했습니다. 그들은 배운 것도 없었고 철학도 몰랐습니다. 사실 그런 것들은 전혀 필요치 않았습니다. 주님께 모든 것이 있었기 때문입니다. 그들은 주님을 신뢰했습니다. 주님은 그들에게 성령을 선물로 주셨고, 그들은 하나님이 이 모든 것을 거저 주심을 알았습니다. 어리다고 주눅 들 필요가 없습니다. 그를 신뢰하십시오. 그가 친히 여러분을 돌보아 주겠다고 맹세하셨습니다. 그는 이 땅에서 살아가는 여러분을 확실하게 지켜 주시기 위해 죽으셨습니다.

본문에는 약한 자들과 무거운 짐 진 자들을 온유하게 대하시는 목자의 모습도 나오고 있습니다. "젖 먹이는 암컷들을 온순히 인도하시리로다." 이사야서 42장은 이 점을 다음과 같이 표현하고 있습니다. "상한 갈대를 꺾지 아니하며 꺼져 가는 등불을 끄지 아니하고" 3절. 그는 아직 새끼를 거느리고 있는 양이나 막 새끼를 낳은 양은 빨리 걸을 수 없다는 것을 아십니다. 그들의 사정을 전부 아시기 때문에 아주 온유하게 인도하십니다. 세상에 오신 하나님의 아들만큼 온유한 이가 세상에 있었습니까? 사람들은 그를 세리와 죄인들의 친구라고 불렀습니다. 그래서 올바르고 도덕적이고 아주 종교적인 사람들은 그를 미워했습니다. 그들은 주님에 대해 "보라, 먹기를 탐하고 포도주를 즐기는 사람이요 세리와 죄인의 친구로다"라고 말했습니다마 11:19. 그렇습니다. 세상이 세리에게 침을 뱉을 때, 주님은 그들 곁에 앉으셨습니다. 자신은 바로 그런 자들을 구원하기 위해 오셨기 때문입니다. 사람들이 간음하다 현장에서 잡힌 여인을 데려와 정죄했을 때에도 주님은 정죄하지 않고 용서해 주셨으며 집으로 돌아가 선한 삶을 살 수 있도록 힘을 주셨습니다요 8:1-11. 이것이 복되신 구주의 특징입니다. 그는 긍휼의 눈으로 사람들을 바라보셨습니다. 고통받는 자를 그냥 지나치시는 법이 없었습니다. 참된 필요가 있는 곳을 항상 주목하셨습니다. 그가 일으켜 세우시지 못할 만큼 절망적인 죄인은 아무도 없었습니다. 그가 오신 목적이 바로 그것이었습니다. 그는 말씀하셨습니다. "건강한 자에게는 의사가 쓸데없고 병든 자에게라야 쓸데 있나니 내가 의인을 부르러 온 것이 아니요 죄인을 불러 회개시키러 왔노라"눅 5:31-32 .

　　지금 이 순간 상한 갈대 같고 꺼져 가는 심지 같은 상태에 있는 분들에게 말씀드리겠습니다. 세상이 여러분을 짓밟고 뭉개서 상하게 했을 수 있습니다. 만신창이가 되어 거의 숨도 쉬지 못할 지경이 되었을 수 있습니다. 생명의 불꽃이 거의 꺼져 연기만 간신히 피어오르고 있을 수 있습니다. 설령 그렇다 해도 주님은 결코 여러분을 멸시하시지 않습니다. 그는 여러분의 모든 것을 알고 계십니다. 이분처럼 "가장 자비로운 목자, 반만큼이라도 온유한 목자"가 세상에 있었습니까? 아니, 한 명도 없었습니다. 사랑하는 여러분, 세상은 여러분을 버린 자 취급할지 모릅니다. 그러나 그리스도는 그런 여러분을 사랑하여 목숨까지 내어 주셨습니다. 오, 그의 온유함과 사랑과 연민과 부드러움과 이해심이여! 세상은 물론이요 가장 가깝고 사랑하는 이들까지 여러분을 버린 자 취급하며 아무 소망이 없는 자로 여길 수 있습니다. 그러나 이제 말씀드리는데, 여러분의 모든 것을 알고 계시는 주님은 결코 여러분에게 상처를 주지 않으실 것이며, 여러분의 현 상태에 맞게, 가장 온유한 방식으로 대해 주실 것입니다.

　　마지막으로, 요한복음 10장의 놀랍고 영광스러운 말씀에 나오듯이 그는 우리를 지키시며 안전을 보장해 주십니다. "영원히 멸망하지 아니할 것이요 또 그들을 내 손에서 빼앗을 자가 없느니라"28절. 이로 인해 하나님께 감사드리시기 바랍니다. 그가 우리를 지켜 주실 것입니다. 보호해 주실 것입니다. 인도해 주실 것입니다. 결코 방치하거나 내버리지 않으실 것입니다. 우리의 모든 필요에 응답하실 것이며, 이 세상에서 살 때나 죽을 때나 결코 우리 기대를 저버리지 않으실 것입니다. 무슨 일이 일어나든지 항상 우리와 함께하실 것입니다. 여기 그의 말씀이 있습니다. "곧 우리가 원수 되었을 때에 그의 아들의 죽으심으로 말미암아 하나님과 화목하게 되었은즉 화목하게 된 자로서는 더욱 그의 살아나심으로 말미암아 구원을 받을 것이니라"롬 5:10. "자기 아들을 아끼지 아니하시고 우리 모든 사람을 위하여 내주신 이가 어찌 그 아들과 함께 모든 것을 우리에게 주시지 아니하겠느냐?……내가 확신하노니 사망이나 생명이나 천사들이나 권세자들이나 현재 일이나 장래 일이나 능력이나 높음이나 깊음이나 다른 어떤 피조물이라도 우리를 우리 주 그리스도 예수 안에 있는 하나님의 사랑에서 끊을 수 없으리라"롬 8:32, 38-39. 그는 이 세상에서 살 때 여러분과 함께하실 것입니다. 죽을 때에도 함께하실 것입니다. 영원토록 함께하실 것입니다.

이것이 복음 메시지입니다. "그는 목자같이 양 떼를 먹이시며 어린양을 그 팔로 모아 품에 안으시며 젖 먹이는 암컷들을 온순히 인도하시리로다." 자신은 아는 것도 없고 이해하는 것도 없다고 생각할 수 있습니다. 사랑하는 여러분, 괜찮습니다. 그분 안에 모든 것이 있습니다. 그가 여러분에게 생명을 주실 것입니다. 양식을 주실 것입니다. 힘을 주실 것입니다. 여러분에게 필요한 모든 보호를 해주실 것입니다. 여러분이 소원할 만한 모든 것을 주시되, 마침내 영원한 나라에서 흠 없이 온전한 모습으로 여러분을 하나님께 바치실 때까지 계속 주실 것입니다.

여러분은 그의 음성을 알고 있습니까? 그의 음성을 들었습니까? 그가 누구신지 알고 있습니까? 그에게 속해 있습니까? 그의 양 떼에 들어 있습니까? "내 양은 내 음성을 안다"라고 그는 말씀하셨습니다. 여러분은 그의 음성을 들었습니까? 그를 따라가고 있습니까? 그의 음성을 듣는 사람은 그를 따라갈 것입니다. 자신을 검증해 볼 방법을 알려 드리겠습니다. 제가 이제껏 말씀드린 모든 것을 진심으로 믿는다면, 이제 여러분에게 중요한 것은 오직 하나뿐일 것입니다. 당연히 그렇지 않겠습니까? 세상과 세상에 속한 것에는 더 이상 흥미를 느끼지 못할 것입니다. 그것들이 자신을 망쳤다는 사실을 알기 때문입니다. 이제는 그런 것들이 싫을 것입니다. 목자는 "아주 잘했다. 세상을 떠나라"라고 말씀하십니다. 여러분은 그를 바라볼 것입니다. 그에게 자신을 드릴 것입니다. "저를 보호해 주십시오. 저를 지켜 주십시오"라고 구할 것입니다. 그리고 그를 따라 그가 원하시는 곳으로, 영광스러운 초장으로 들어갈 것입니다.

6.

"너희의 하나님을
보라!"

사 40:12-17

누가 손바닥으로 바닷물을 헤아렸으며 뼘으로 하늘을 쟀으며

땅의 티끌을 되에 담아 보았으며 접시저울로 산들을, 막대저울로 언덕들을 달아 보았으랴?

누가 여호와의 영을 지도하였으며 그의 모사가 되어 그를 가르쳤으랴?

그가 누구와 더불어 의논하셨으며 누가 그를 교훈하였으며

그에게 정의의 길로 가르쳤으며 지식을 가르쳤으며 통달의 도를 보여주었느냐?

보라, 그에게는 열방이 통의 한 방울 물과 같고 저울의 작은 티끌 같으며

섬들은 떠오르는 먼지 같으리니 레바논은 땔감에도 부족하겠고

그 짐승들은 번제에도 부족할 것이라.

그의 앞에는 모든 열방이 아무것도 아니라.

그는 그들을 없는 것같이, 빈 것같이 여기시느니라.

여기에서 우리는 이 위대하고 강력한 장의 새로운 부분으로 접어들게 됩니다. 지금까지는 1-11절의 가르침을 고찰하면서 성경, 특히 신약성경의 큰 주제가 예언의 형태로 진술되어 있는 것을 보았습니다. 하나님은 이러한 이상과 계시와 지각을 자신의 종인 선지자 이사야에게 주셨습니다. 그가 이 메시지를 주신 데에는 포로가 되어 바벨론으로 끌려갈 백성들을 위로하시며 그들의 귀환을 보장해 주시려는 목적이 있었을 뿐 아니라 그 이상의 목적, 그보다 훨씬 더 높은 목적이 있었습니다. 전자의 목적만 있다고 보기에는 본문의 언어가 너무나 엄청납니다. 하나님은 이사야에게 크고 강력한 해방과 구원이 세상에 임한다는 메시지를 주셨습니다.

이처럼 40장 처음에 나오는 열한 절은 신약성경의 복음서를 완벽하게 이야기하며 서술해 주고 있습니다. 이것은 위대한 위로의 메시지요 구원의 메시지이자 이제는 죄 사함을 받았고 새롭게 출발하여 새로운 삶을 살 수 있다는 선언이요, 우리에게 "벌을 배나" 주신 하나님이 그리스도 안에서 그 복을 쏟아부어 주신다는 선언입니다. 또한 이 구절들은 하나님의 아들이신 그리스도가 어떻게 오시는지도 알려 주고 있습니다. "여호와의 영광이 나타나고……너희의 하나님을 보라!" 이것이 기독교의 메시지입니다. 그의 오심은 비상하고 기이한 것입니다. 그가 오시려면 새 대로가 필요합니다. 골짜기가 돋우어져야 합니다. 산과 언덕들이 낮아져야 합니다. 새 길이 있어야 합니다.

여러분도 기억하겠지만, 선지자가 그다음으로 들은 말씀은 이 좋은 소식을 두려움 없이, 소리 높여 알리라는 것이었습니다. 그가 이렇게 할 수 있는 것은 이 메시지의 초월적인 특징 때문입니다. 이 것은 하나님의 말씀이므로 그 무엇에도 막히지 않고 영영히 선다는 확신이 있는 것입니다. 이것은 인간의 말이 아닙니다. 인간의 말은 인간 자신이나 풀처럼 꽃피었다가 시들어 버립니다. 그러나 이것은 여호와의 말씀, 우리 하나님의 말씀입니다. 이 예언은 800년 후, 복되신 주요 구주 되신 예수 그리스도의 출생과 삶과 죽음과 부활을 통해 세세하게 전부 성취되었습니다.

이것이 지금까지 우리가 고찰한 메시지입니다. 그런데 이제 12절부터는 새로운 내용이 소개되고 있습니다. 복음에 대한 위대한 진술을 마친 선지자는 12절부터 마지막 절에 걸쳐, 이러한 선포를 듣기만 하는 것이 아니라 믿을 수 있도록 돕고자 합니다. 실제로 인간이 하나님의 말씀을 믿고 받아들인다는 것은 지극히 어려운 일이기 때문입니다. 구약성경을 읽어 보십시오. 이 점에서 실패한 사례들이 곳곳에 나옵니다. 하나님이 종들을 통해 메시지를 보내면 사람들은—개인이든 나라든—충격을 받습니다. "하나님의 벗"이라 칭함을 받았던$^{약 2:23}$ 아브라함 같은 사람도 곧 아이를 낳을 것이라는 하나님의 말씀에 거의 충격을 받았고, 그의 아내는 너무 놀라 실소하기까지 했습니다. 사람들은 표적을 구했습니다. "어떻게 이런 일이 있을 수 있습니까?" 하고 물었습니다. 주님이 세상에 오셨을 때에도 사람들은 똑같은 불신으로 반응했습니다. 선구자인 세례 요한의 아버지 스가랴도 천사가 알려 준 말을 믿지 못했습니다. 주님의 어머니인 마리아도 믿지 못했습니다. 자신들이 들은 소식이 너무나 엄청난 것이었기 때문입니다. 그들은 전부 똑같은 질문을 던졌습니다. "어떻게 이런 일이 있을 수 있습니까?"

오늘 본문은 마치 이 질문을 예상하고 있는 듯 보입니다. 그래서 이 질문이 나오기도 전에 미리 대답해 주고 있습니다. 이것이 기독교 메시지와 성경의 큰 영광 가운데 하나입니다. 하나님은 메시지를 주실 뿐 아니라 그 메시지를 믿을 수 있도록 도와주십니다. 우리의 의심과 어려움과 당황스러움을 처리해 주십니다. 우리의 질문을 미리 예상하고 대답해 주시며 문제를 해결해 주십니다. 기독신앙을 받아들이는 일을 가로막거나 어렵게 만드는 것들 중에 성경이 미처 예상치 못한 새로운 것은 없습니다. 어떤 식으로든 대비를 하고 있습니다. 하나님은 우리를 아시며 우리 연약함을 굽어 살피시는 분입니다.

첫 열한 절도 이러한 어려움 가운데 일부를 암시하고 있기는 하지만, 본격적으로 분석하고 있지는 않습니다. 본격적으로 이 어려움을 검토하고 처리하는 부분은 12절부터 마지막 절까지입니다. 이사야는 말합니다. "너희의 어려움이 무엇이냐? 왜 이 선포를 믿지 못하고 주저하고 있느냐? 무엇 때문에 이 위대한 메시지 믿기를 어려워하느냐?" 그는 그 문제들을 하나씩 다루어 나갑니다.

제가 본문에 주의를 환기시키는 것은 오늘날에도 똑같은 어려움이 있기 때문입니다. 지치지도 않고 지적하는 바이지만, 우리가 요구하는 모든 것을 제공해 주는 이런 메시지, 이런 복음이 있는데도 온 세상이 기독교를 믿지 않는다는 것은 정말이지 놀라운 일이 아닐 수 없습니다. 우리는 모두 행복과 평화를 추구합니다. 기쁨과 안전을 추구하며, 전쟁이 종식되기를 바랍니다. 우리가 구하는 것이 바로 그런 것 아닙니까? 그런데 복음이 그것을 준다는 것입니다. 모든 사람이 그리스도인이 된다면 세상의 주요한 문제들은 단번에 해결될 것이고, 우리가 늘 갈망한다고 말하던 것들도 전부 주어질 것입니다. 그 모든 것이 복음 안에 들어 있습니다. 값없이 전부 제공되고 있습니다. 그런데도 정작 그리스도인이 되는 사람들은 소수에 불과합니다. 다수는 그것을 얻으려 들지 않습니다. 그 이유가 무엇일까요? 자, 이것은 오래된 문제로서, 이사야 선지자는 그 어려움들을 하나씩 다루고 있습니다.

그렇다면 그 어려움들에는 무엇이 있을까요? 자, 첫 번째 중심적인 어려움은 두말할 나위 없이 이 선포 자체의 특징과 내용 때문에 메시지 전체가 상당히 신빙성 없게 보인다는 것입니다. 이것이 문제점입니다. 너무 좋은 말만 하니까 믿어지지가 않습니다. 보통 사람들이 하는 말이 이것입니다. "난 실리를 따지며 현실적인 문제를 다루는 사업가입니다. 그런 얘기는 받아들일 수가 없어요. 그건 너무 엄청난 얘깁니다. 환상문학이나 설화의 영역에 속한 얘기지요. 하나님이 세상에 오셨다니, 너무 동화 같은 발상이에요. 인생은 그런 게 아닙니다. 세상은 그런 게 아니에요." 이처럼 사람들은 복음을 믿기 힘들어합니다. 본문은 바로 이 주제를 다루고 있습니다. 성경—구약성경과 신약성경—은 종종 이 주제를 다룹니다. 육에 속한 사람은 이 메시지를 믿기 힘들다는 것을 미리 알려 줍니다.

그러나 다행히도 이렇게 단언하는 데서만 그치지 않고, 사람들이 믿지 못하는 원인을 분석해 주며, 복음이 처음에 그토록 신빙성 없게 보이는 이유를 설명해 줍니다. 성경은 우리가 이 메시지를 믿지 못하는 첫 번째 원인이 하나님의 존재와 특징에 대한 진리를 바로 이해하지 못한 데 있다고 말합니다. 다른 모든 문제점들도 궁극적으로는 이것으로 설명할 수가 있습니다. 우리는 하나님을 우리 같은 분으로, 인간에 불과한 분으로 생각하기를 고집하며, 그의 행동도 인간의 행동을 바라보듯이 바라봅니다. 우리는 매사에 우리 자신을 출발점으로 삼고, 우리의 기준과 판단과 평가를 출발점으로 삼습니다. 가장 치명적인 잘못은 하나님께도 이런 기준을 들이댄다는 것입니다. 그리고 하나님이 우리의 범주에 맞지 않는다고 해서 믿을 수 없다고 말하며, 복음 메시지를 거부해 버립니다.

이 점은 아주 쉽게 입증해 보일 수 있습니다. 기독신앙과 관련하여 다양한 교리들이 많이 있습니다. 그런데 사람들은 거의 모든 교리에 걸려 넘어집니다. 예컨대 인간에 대한 교리를 보십시오. 성경의 교리는 매우 분명합니다. 성경은 인간이 하나님의 형상을 따라 지음을 받았는데, 최초의 남자와 여자가 죄를 지음으로써 그 형상을 잃어버렸다고 말합니다. 우리의 모든 곤경은 그 타락의 결과라고 말합니다. 그런데 사람들은 이 교리를 좋아하지 않습니다. 인류를 하나님의 특별한 피조물로 생각하고 싶어 하지 않습니다. 창조를 통해 주신 큰 존엄성과 특권도 받아들이고 싶어 하지 않습니다. 그보다는 원시 점액질에서부터 힘들게 진화되어 온 존재로 생각하기를 더 좋아합니다.

마찬가지로 사람들은 죄의 교리도 좋아하지 않습니다. 인간의 자만과 교만, 하나님과 같아지려는 욕망이 반역으로 이어졌고, 거기에서 죄가 비롯되었다는 성경의 가르침을 받아들일 수 없다고 말합니다. 현대세계는 "죄에 대한 케케묵은 가르침은 이제 지겹다"라고 하면서, 죄를 '약함'이나 '발달의 실패' 등으로 부르며 심리학적인 관점에서 설명해 버립니다.

현대세계가 싫어하는 또 다른 교리가 있는데, 그것은 회개하고 자신의 필요를 고백하라는 교리입니다. 현대세계는 이 교리를 모욕으로 여깁니다. 사람들은 죄를 고백하고 허물을 인정하라는 말을 듣고 싶어 하지 않습니다. "죄로 가득 찬 악한 나"라든지 "나는 온통 불의하오니"라는 찰스 웨슬리의 찬송가 가사를 들으면 분개합니다.

"그건 아니다"라고 말합니다.

　또한 사람들은 주 예수 그리스도의 위격에 대한 교회의 가르침도 좋아하지 않습니다. 영원하신 성자께서 육신이 되셨다는 말을 믿지 못합니다. "예수는 인간이었을 뿐이야. 하나님이 아니었다고"라고 말합니다. 그의 죽음에 대한 가르침이나 구원의 교리도 좋아하지 않으며, 구원을 기적적으로 이루어지는 새로운 출생으로 보는 관점도 좋아하지 않습니다.

　이것은 전부 중대한 교리들입니다. 그런데 사람들은 이 모든 교리에 걸려 넘어집니다. 왜 그럴까요? 이처럼 사람들이 각 교리를 받아들이기 어려워하는 것은 하나님을 처음부터 근본적으로 오해하고 있기 때문입니다. 하나님에 대한 생각만 바로잡으면 다른 교리들도 전부 불가결한 것으로 여기게 될 것이고, 어려움은 사라질 것입니다.

　하나님에 대한 진리만 바로 알아도 인간에 대한 성경의 교리를 금방 믿게 될 것입니다. 하나님에 대해 희미한 개념만 있어도 죄에 대해 논쟁할 필요가 없어질 것입니다. 하나님 보시기에 우리가 어떤 사람들인지만 알아도, 그렇습니다, 서둘러 회개하게 될 것입니다. 하나님의 본성과 존재를 조금만 알아도, 우리가 바로 그런 분과 대면하고 있다는 사실만 알아도, 성육신의 교리에 걸려 넘어지기는커녕 오히려 우리를 구원할 수 있는 유일한 일을 해주신 데 감사를 드리게 될 것입니다. 그리스도와 그의 죽음으로 이루어진 큰 구원에 대해서도 마찬가지입니다. 다시 말하지만 우리의 모든 어려움, 모든 문제점은 가장 먼저 발생하는 이 근본적인 문제, 즉 하나님에 대한 완전한 오해로부터 파생되는 것입니다.

성경은 이 사실을 알기에 우리의 어려움을 다룰 때마다 항상 하나님에 대한 교리부터 먼저 다룹니다. 이사야도 그렇게 하고 있습니다. 그는 위대한 복음에서부터 출발했습니다. 그리고 이제 그 복음을 믿지 못하도록 막는 어려움들을 다루고 있습니다. 그의 말을 들어 보십시오. "누가 손바닥으로 바닷물을 헤아렸으며." 이사야는 지금 누구에 대해 이야기하고 있습니까? 하나님에 대해 이야기하고 있습니다. 예수 그리스도의 복음을 전할 때 가장 먼저 해야 할 일은 하나님에 대해 이야기하는 것입니다. 우리 자신에게서 출발해서는 안 됩니다. 구원이나 그 밖의 것에서 출발해서도 안 됩니다. 그런 것에서 출발하면 분명히 헤매게 되어 있습니다. 성경 첫 책 첫 구절이 바로 하나님에 대한 것임을 잊지 맙시다. "태초에 하나님이……." 여러분의 문제들에서 출발하기 전에, 여러분 자신이 누구이고 어떤 존재이며 어디에서 왔는지부터 분명하게 알아야 합니다. "인생이란 무엇인가? 세상은 어떤 곳인가? 인간은 어떤 존재인가?" 하는 질문의 대답부터 찾아야 합니다. 처음으로 돌아가야 하는 것입니다. 다른 방법으로는 문제를 풀 수가 없습니다. 하나님을 뻔하게 생각하는 것만큼 무섭고 비극적인 결과를 낳는 잘못은 없습니다. 그런데 우리는 이런 잘못을 저지르기 쉽다는 것을 말씀드려야겠습니다.

설교를 많이 들은 분들에게 쉽고 간단한 질문을 드리겠습니다.

여러분은 하나님에 대한 설교를 얼마나 자주 들었습니까? 우리는 모두 우리 자신의 바람과 필요에 관심을 갖습니다. 항상 우리 자신에게서 출발합니다. 우리는 내성적이고 자기중심적인 사람들입니다. 모든 생각이 자신을 중심으로 뱅뱅 돕니다. 자신이야말로 우주의 중심이라고 생각합니다. 그러나 여러분, 그렇지 않습니다. 여기 12-17절에서 이사야는 우리를 하나님과 대면시키고 있으며, 이 본문을 통해 하나님의 됨됨이와 성품에 두드러지게 나타나는 세 가지 면모를 상기시키고 있습니다.

이런 주제를 다루려니 조심스럽습니다만, 그래도 다루는 것이 저의 임무입니다. 성경이 무엇입니까? 무엇보다도 성경은 하나님의 계시입니다. 하나님은 인간에게 자신을 알리기 위해 말씀을 주셨습니다. "이 세상이 자기 지혜로 하나님을 알지 못하므로"^{고전 1:21}. 사람들은 꽃과 동물을 비롯한 피조세계 속에서 하나님을 보았어야 했습니다. 그런데 보지 못하니까 말씀을 주신 것입니다. 이처럼 성경의 첫째가는 목적은 하나님을 아는 지식을 줌으로써 우리의 실상과 우리의 필요를 보게 하며, 하나님이 우리를 위해 무슨 일을 하셨는지 보게 하는 것입니다.

선지자는 하나님의 **크심과 권세와 능력**을 가장 먼저 이야기합니다. 이것이 그가 주의를 환기시키는 하나님의 첫 번째 면모입니다. 12, 15, 17절을 보십시오. "누가 손바닥으로 바닷물을 헤아렸으며 뼘으로 하늘을 쟀으며 땅의 티끌을 되에 담아 보았으며 접시저울로 산

너희의 하나님을
보라

들을, 막대저울로 언덕들을 달아 보았으랴?" 여러분은 시에 관심이 있습니까? 자, 여기 가장 뛰어난 시가 있습니다. 그러나 이것은 시일 뿐 아니라 사실적인 묘사이기도 합니다.

15절 말씀도 들어 보십시오. "보라, 그에게는 열방이……." 선지자의 풍자가 보이지 않습니까? 우리는 모두 열방을 크게 생각합니다. 신문들이 날마다 부르짖는 바가 그것입니다. 세상의 힘이 얼마나 큰지! 현재 세상의 힘은 원자폭탄을 관리하는 능력으로 나타나고 있습니다. 힘을 보고 싶은 사람은 열방을 보면 됩니다. 그러나 이사야의 말을 들어 보십시오. "보라, 그에게는 열방이 통의 한 방울 물과 같고 저울의 작은 티끌 같으며 섬들은 떠오르는 먼지 같으리니." 17절도 보시기 바랍니다. "그의 앞에는 모든 열방이 아무것도 아니라. 그는 그들을 없는 것같이, 빈 것같이 여기시느니라."

이 모든 말씀의 의도는, 성경이 항상 가장 먼저 가르치는 점—하나님의 권세와 크심과 영원하심—을 여기에서도 대면하게 하려는 것입니다. 구주 하나님을 말하기 전에 창조자 하나님에게서 먼저 출발해야 합니다. 여러분, 구약성경을 제외시키지 마십시오. 구약성경에서부터 출발하십시오. 어떤 의미에서 구약성경이 없으면 신약성경도 이해할 수 없습니다. 여기 하나님의 말씀이 있습니다. "태초에 하나님이 천지를 창조하시니라"^{창 1:1}. 하나님은 존재하는 모든 것을 창조한 분이시며 보전하는 분이십니다. 우리는 모두 그의 손안에 들어 있는 사람들입니다. "우리가 그를 힘입어 살며 기동하며 존재하느니라"^{행 17:28}.

그러므로 기도하기 위해 무릎을 꿇을 때, 자신의 여러 문제들을 생각할 때, 오늘날 진행되고 있는 역사가 잘 이해되지 않을 때, 하나님에 대해 의심이 들면서 "하나님은 왜 이런 일을 허락하시는 것일까? 왜 저렇게 하시지 않는 것일까?" 하는 의문이 막 생기려 할 때, 이 같은 상황에 처하게 될 때, 잠시만 기다리십시오. 여러분은 지금 "빛이 있으라 하시니 빛이 있었"던^{창 1:3} 영원하시고 전능하시며 영존하시는 분께 자기 의견을 피력하려 하고 있다는 사실을 생각하십시오. 여러분은 지금 존재하는 모든 것을 만드시고 빚으신 분, 뼘으로 하늘을 재시는 분께 말하려 하고 있습니다. 손바닥으로 바닷물을 헤아리시며 접시저울로 산들을, 막대저울로 언덕들을 달아 보시는 분께 말하려 하고 있습니다.

제 말에 동의가 되지 않습니까? 바로 이것이 우리의 문제점 아닙니까? 얼마나 가볍고 경박하게, 아무 조심성 없이 하나님을 입에 올리고 그에 대한 의견을 피력하며 왜 기도에 응답하시지 않느냐고 따지는지 모릅니다. 진심으로 확신컨대, 하나님의 위엄이 얼마나 큰지 어렴풋하게라도 안다면 말년의 욥처럼 손으로 입을 가리고 말을 멈출 것입니다^{욥 40:4}. 우리의 문제점은 "살아 계신 하나님의 손에 빠져 들어가는 것이 무서울진저"라는 말씀을 깨닫지 못하는 것입니다^{히 10:31}. 우리가 이처럼 떠드는 것은 그 대단한 세상의 열방도 하나님 앞에서는 한낱 메뚜기에 불과하다는 사실을 모르는 탓입니다. 자신들

너희의 하나님을
보라

의 힘과 탱크와 군대와 원자폭탄과 수소폭탄과 모든 거대한 조직을 자랑하는 강대국들이 다 무엇입니까? 그들은 하나님께 다음과 같은 존재에 불과합니다. 정확한 측량을 위해 저울을 청소하려고 위에 쌓인 먼지를 떨어냈는데, 다 떨어낸 후에도 작은 티끌이 한 점 남아 있습니다. 통에 담긴 물을 비우려고 다 쏟았는데, 다 쏟았다고 생각한 후에도 작은 물방울이 한 방울 남아 있습니다. 열방은 하나님께 이런 존재입니다. 통 안의 물 한 방울입니다. 저울 위의 티끌 한 점입니다.

자연을 보십시오. 피조세계를 보십시오. 하나님이 산과 언덕과 골짜기와 바다를 언급하실 때에는 잘 생각해야 합니다. 이른바 '자연법칙'을 보십시오. 그 법칙들이 어디에서 생겨났습니까? 전부 하나님이 자리를 정해 주신 것입니다. 전부 하나님의 손가락이 남긴 표시요 그의 손에서 나온 작품입니다. 가장 소박하게 생긴 꽃을 보십시오. 짐승을 보십시오. "하늘이 하나님의 영광을 선포하고 궁창이 그의 손으로 하신 일—그의 크심과 위엄과 능력—을 나타내는도다" ^{시 19:1}. 하나님의 크심에서 출발하는 즉시, 우리의 사고 전체에 혁명적인 변화가 일어난다는 것을 모르시겠습니까? 우리가 지금처럼 떠들며 지금처럼 하나님의 영광스러운 구원에 걸려 넘어지는 것은 그를 논쟁 가능한 일종의 용어나 개념으로, 토론하면서 가지고 놀 수 있는 철학사상으로 생각하는 버릇에 빠져 있는 탓이며, 세상을 만드신 하나님이 우리를 한순간에 불어 없애 버릴 수 있는 분이심을 깨닫지 못하고 발에서 신을 벗지 않은 탓입니다. 처음으로 되돌아가, 이 책이 강조하는 하나님의 크심과 능력에 대한 진리부터 깨달아야 합니다.

이제 선지자가 언급하는 두 번째 면모를 살펴봅시다. 그것은 바로 **초월적인 영광**입니다. 16절 말씀을 들어 보십시오. "레바논은 땔 감에도 부족하겠고 그 짐승들은 번제에도 부족할 것이라." 이사야가 말하는 바가 무엇입니까? 자, 레바논은 큰 산으로서, 특히 거대하고 근사한 나무들이 숲을 이루고 있는 것으로 유명했습니다. 엄청난 백향목들이 마치 하늘을 찌를 듯 높이 솟아 있었습니다. 그런데 이사야는 그 거대한 나무, 레바논의 백향목을 전부 벌목하여 쪼개서 쌓아 올린 후 불을 붙인다 해도 하나님께 제사를 드리기에는 부족하다고 말하는 것입니다. 또 레바논에 사는 모든 짐승, 모든 동물을 잡아서 바쳐도 하나님께 번제로 드리기에는 충분치 못하다고 말합니다. 이것은 시적인 이미지를 활용한 표현방식으로, 선지자는 이러한 표현을 통해 설사 최고로 고상한 인간의 사고와 범주를 동원한다 해도 하나님의 영광을 표현하기에는 적합지 않고 충분치 않을 만큼 그의 영광이 뛰어나고 탁월하다는 점을 말하고 있습니다.

지금까지는 하나님의 크심에 대해 이야기했습니다만, 무엇보다 제가 성경을 보면서 알게 된 사실은 **영광**이야말로 특별하면서도 가장 본질적인 하나님의 속성 및 특징이라는 것입니다. 하나님의 영광을 말로 표현한다는 것은 불가능한 일입니다. 성경은 "가까이 가지 못할 빛에 거하시고 어떤 사람도 보지 못하였고 또 볼 수 없는 이시니 그에게 존귀와 영원한 권능을 돌릴지어다"라고 말합니다^{딤전 6:16}.

저는 오늘밤 여러분과 함께 하나님을 찬송하는 노래를 불렀고, 기도로 여러분을 하나님께 인도했습니다. 그런데 우리가 기도한 대상이 바로 이런 분이시라는 것, 지금 우리 앞에 계신 분이 바로 이런 분이시라는 것, 그 초월적인 영광으로 인해 감히 다가갈 수 없는 빛에 거하는 분이시라는 것을 여러분은 알고 있습니까?

성경이 그에 대해 어떤 용어를 사용하는지 보십시오. "찬송하리로다. 하나님 곧 우리 주 예수 그리스도의 아버지께서……"^{엡 1:3}. 복음이 무엇입니까? "복되신 하나님의 영광의 복음"입니다^{딤전 1:11}. 복음의 역할과 목적은 무엇입니까? "예수 그리스도의 얼굴에 있는 하나님의 영광을 아는 빛"을 드러내는 것입니다^{고후 4:6}. 예수 그리스도는 어떤 분이십니까? 히브리서 기자는 "하나님의 영광의 광채시요 그 본체의 형상"이라고 말합니다^{히 1:3}. 또한 사도 요한은 "말씀이 육신이 되어 우리 가운데 거하시매 우리가 그의 영광을 보니 아버지의 독생자의 영광이요 은혜와 진리가 충만하더라"라고 말합니다^{요 1:14}. 오, 하나님의 영광을 말로 묘사하기란 불가능하다는 것을 저는 알고 있습니다. 그의 영광은 말로 묘사될 수 없습니다. "어느 때나 하나님을 본 사람이 없으되"^{요일 4:12}. 하나님을 보고서도 살아남을 수 있었던 사람은 아무도 없었습니다. 그 이유가 무엇입니까? 그렇습니다. 영광 때문이었습니다! 하나님은 소멸하는 불이십니다. 제가 이처럼 여러분께 복음을 제시하는 것도 하나님의 영광 때문입니다. 그의 거룩하심과 정결하심과 무오하심 때문입니다. 사람들은 말합니다. "왜 그리스도의 십자가 죽음을 설교합니까? 왜 죄의 교리를 계속 설교하지요? 왜 피 제사가 필요하다고 말합니까? 왜 그리스도가 죽어야만 했다고 말합니까?" 그들은 "도저히 이해가 안 되네요. 하나님의 축복은 받고 싶지만 그런 말을 다 받아들일 수는 없습니다"라고 말합니다.

여러분의 전적인 문제점은 하나님의 영광을 전혀 모른다는 데 있습니다. 하나님의 영광이 얼마나 큰지 말씀드리겠습니다. 세상에 있는 숲 전부를 벌목하고 거기 살던 짐승 전부를 죽여서 바친다고 해도 감히 하나님 앞에 나아갈 수 없을 정도로 그의 영광은 큽니다. 죄 문제는 바로 하나님의 하나님 되심에서 나오는 것입니다. 죄가 일차적으로 여러분 자신이나 여러분이 하는 행동의 문제인 것처럼 생각지 마십시오. 죄 문제를 이해하려면 하나님에게서 출발해야 합니다.

그렇지 않고 **죄 그 자체**에서 출발하는 것이 우리 모두의 문제점 아닙니까? 예컨대 우리는 술 취하는 것은 물론이요 간음과 도적질을 죄라고 말합니다. 그렇기 때문에 "나는 그런 죄를 짓지 않았고 한 번도 그런 죄를 지은 적이 없기 때문에 죄 문제가 무엇을 의미하는지도 모르겠고 왜 회개해야 하는지도 모르겠다"라고 말하는 이들이 있는 것입니다. 그들은 자신들이 신앙적인 분위기에서 성장하여 늘 교회에 다녔다고 항변하며, 찰스 웨슬리가 왜 우리를 죄 많은 사람들이라고 부르면서 "죄로 가득 찬 악한 나"라는 찬송을 썼는지 도무지 이해할 수 없다고 항변합니다. 실제로 저에게 "내가 죄인인 것 같다고 말하는 건 위선적이고 정직하지 못한 일입니다. 난 도둑도, 주정뱅이도, 음란한 사람도 아니니까요"라고 말하는 이들이 많았습니다. 사람들이 이렇게 말하는 이유는 하나뿐입니다. 하나님의 영광에 대해 비참할 정도로 무지하기 때문인 것입니다. 이사야 선지자는 이상 중에 하나님을 뵙고 이렇게 말했습니다. "화로다, 나여. 망하게 되었도다. 나는 입술이 부정한 사람이요"사 6:5. 하나님을 뵌 다른 이들도 전부 이와 비슷한 말을 했습니다. 그들은 땅에 엎드러졌습니다.

오, 하나님의 영광과 거룩하심을 조금이라도 아는 사람은 죄 문제와 그에 관한 의문이 풀리는 것을 깨달을 것입니다. 하나님은 그의 거룩하심에 제한을 받으신다고 감히 말한다면 어떻겠습니까? 너무 지나친 말 같습니까? 그렇지 않습니다. 실제로 야고보는 다음과 같이 말했습니다. "하나님은 악에게 시험을 받지도 아니하시고 친히 아무도 시험하지 아니하시느니라"약 1:13. 하나님이 하실 수 없는 한 가지 일이 바로 이것입니다. 하나님은 그 거룩하심 때문에 이렇게 하실 수가 없습니다. 그는 영원하고 영존하는 영광 중에 계신 분이요 거룩하시고 공평하시며 의로우신 분으로서, 죄 문제도 그에 합당하게 다루셔야 합니다. 하나님은 본 것을 보지 않은 척하실 수가 없습니다. '살짝' 눈감아 주실 수가 없습니다. 그런 일이 없었다고 말씀하실 수가 없습니다. "제대로 못 봤는데"라고 말씀하실 수가 없습니다. 그 영광 때문에, 그 거룩하심과 공평하심과 의로우심 때문에 하나님은 영원히, 언제나, 항상 일관되게 행하셔야 합니다. 그는 "빛들의 아버지"로서 "변함도 없으시고 회전하는 그림자도 없으"신 분입니다 ^{약 1:17}. 이사야는 자신의 예언서에서 하나님께 적합한 제사는 오직 한 가지, 그 자신이 친히 드리시는 제사뿐이라고 말합니다. 정결하시고 거룩하시고 영광스러우신 하나님의 아들, 그 본체의 형상이 친히 제사를 드리셔야 하는 것입니다. 과연 아들은 자신을 드리셨고, 하나님은 족하다고 말씀하셨습니다.

주의 만찬—그리스도의 죽음을 일깨우며 그 죽음의 의미와 의의와 비밀 속으로 우리를 인도해 주는—이 껄끄럽게 느껴진다면, '난 피와 관련된 이런 발상이 마음에 들지 않는다'라고 생각한다면, 그렇게 철학적인 차원에서 출발하거나 여러분 자신에게서 출발하지 말고 바로 방향을 돌리십시오. 절대자, 하나님께로 나아가십시오. 하나님의 영광을 본 구약의 선지자들이 거의 빈사 상태에 빠졌던 것과 유일하신 독생자가 세상에 계실 때 하나님을 "거룩하신 아버지"라고 부르셨던 것을 기억하십시오. 자신이 사람들 중에서 하나님의 영광을 나타냈으며 그를 영화롭게 하였노라고 아뢰셨던 것을 기억하십시오. 아들은 하나님에 대한 진리를 말씀하심으로 그의 영광을 나타내셨습니다. 이것이 복음의 전적인 역할이자 목적입니다.

이처럼 하나님의 힘과 초월적인 영광은 그의 두 가지 큰 특징을 이루고 있습니다. 그리고 이 두 가지 특징의 결과로 나타나는 세 번째 특징은 **그의 길을 헤아릴 수 없다는 것**입니다. "이는 내 생각이 너희의 생각과 다르며 내 길은 너희의 길과 다름이니라. 여호와의 말씀이니라. 이는 하늘이 땅보다 높음같이 내 길은 너희의 길보다 높으며 내 생각은 너희의 생각보다 높으니라"사 55:8-9. 우리가 복음을 껄끄럽게 생각하고 복음의 교리에 걸려 넘어지는 것은 이 점 역시 납득하지 못하기 때문입니다. 우리는 "이해할 수 없다. 납득이 안 된다"라고 말합니다. 그러나 이렇게 말한다는 것 자체가 전적으로 잘못된 태도를 취하고 있다는 증거입니다. 복음을 대할 때에는 전적으로 하나님이 주신 전제에서 출발해야 합니다. 복음은 하나님의 계획입니다. 하나님의 길이요 하나님이 하신 일입니다. 하나님의 메시지입니다. 그렇기 때문에 아예 처음부터 놀랄 준비를 하고 출발해야 합니다. 기적적인 일들을 기대하십시오. 설명할 수 없는 일들을 기대하십시오. 영원하고 신적인 요소의 개입을 기대하십시오. 휘청거릴 만큼 놀라운 일들을 기대하십시오. 그렇습니다. 마리아처럼 "어찌 이 일이 있으리이까?"라고 물으십시오. 그러면 "대저 하나님의 모든 말씀은 능하지 못하심이 없느니라"라는 대답이 돌아올 것입니다눅 1:34, 37. 그는 창조주 하나님이십니다. 여러분을 아시는 하나님, 세상을 아시며 보전하시는 하나님이십니다.

여러분은 말할 것입니다. "그런데 왜 굳이 십자가 죽음이 있어야 합니까?"

그 대답 또한 동일합니다. 하나님의 영광은 그의 길을 헤아릴 수 없게 만듭니다. 어떤 의미에서 복음에는 인간이 이해할 만한 내용이 하나도 없습니다. 복음은 판이하게 다른 것입니다. 하늘이 땅보다 높음같이 우리의 이해력을 훌쩍 뛰어넘는 것입니다. 선지자도 동일한 비교를 하고 있습니다. 기독신앙의 다양한 교리들을 보면, "너희가 돌이켜 어린아이들과 같이 되지 아니하면 결단코 천국에 들어가지 못하리라"라는 주 예수 그리스도의 말씀이 바로 이사야서 말씀에 대한 해석임을 알게 됩니다[마 18:3]. 제자들은 이해해 보려고 했지만, 주님은 그러지 말라고 하셨습니다. "자신을 어린아이로 생각하라"라고 하셨습니다.

하나님의 계획, 하나님의 전략, 하나님의 길을 살펴보고자 하는 사람은 불가능한 일들을 만날 준비를 해야 합니다. 아이처럼 입을 벌리고 두 손을 들면서 "어떻게 이런 기적이 일어났지?"라고 말할 준비를 해야 합니다. 인간의 보잘것없는 이해력은 그야말로 아무것도 아닙니다. 열방은 통 안의 물 한 방울이나 저울 위의 작은 티끌 한 점처럼 덧없는 것, 아니 그보다 훨씬 못한 것, 아무것도 아닌 것입니다! 오, 우리가 어린아이처럼 될 수 있다면! 오, 각 사람이 이것을 보고 깨달아 "전능하시고 영광스러우신 하나님을 친히 뵈니 그저 손으로 입을 가리고 엎드려 경배하며 '말씀하옵소서, 주의 종이 듣겠나이다'라는 말밖에 나오지 않는구나"라고 말하게 된다면!

하나님에 대한 진리를 이제 알겠습니까? 자신이 죄인이라는 것, 그것도 형편없는 죄인이라는 것을 알겠습니까? 그것을 알려면 하나님 앞에 서 있는 자기의 모습을 그려 보면 됩니다. 그렇게 하는 즉시 여러분의 입에서는 다음과 같은 말이 나오게 될 것입니다.

영원한 빛이시여! 영원한 빛이시여!

감찰하시는 주 앞에서

죽지 않고, 움츠러들지 않고,

조용한 기쁨으로 바라볼 수 있으려면

얼마나 순결한 영혼이 되어야 하리이까!

오, 캄캄한 데서 태어나

마음이 어두운 나

어찌 표현할 길 없는 당신 앞에 서며,

벌거벗은 제 영혼

어찌 자존하는 그 빛을 받으리이까?

분명히 말하건대, 이 찬송이 정말 맞다는 생각을 한 번도 해보지 못한 사람은 예수 그리스도가 자신의 구주로 필요하다는 사실을 모르는 것이요 여전히 죄 가운데 있는 것입니다. 그는 바로 이 점에서 여러분을 구해 주려고 오셨습니다. 행복을 느끼게 해주려고 오신 것도 아니고 "결단만 하면 된다"라고 말해 주려고 오신 것도 아닙니다. 그가 세상에 오셔서 죽으신 것은 우리를 하나님께로 이끌어 가시기 위해서입니다. 바로 이런 하나님께로 이끌어 가시기 위해서입니다. 그분 앞에 자신이 아무것도 아님을 깨달을 때, 여러분은 이어지는 찬송 또한 기쁘게 들을 것입니다.

사람이 일어나
가장 숭고한 곳으로 갈 수 있는 길이 있도다.

길이 있습니다! 그 길이 무엇입니까?

한 제사, 한 제물,
한 성령의 힘,
한 대언자가 하나님 앞에 계시도다.

이 대언자가 없었다면 저는 감히 이 강단에 서지 못했을 것이고, 하나님의 이름도 입에 올리지 못했을 것입니다. 고대 유대인들이 하나님을 두려워하여 '여호와'라는 이름조차 언급하지 못했던 것도 이해가 됩니다. 그들은 하나님의 모든 영광에 대해 어느 정도 알고 있었습니다. 그러나 "아버지 앞에서 우리에게 대언자가" 계십니다. 그는 바로 "의로우신 예수 그리스도"이십니다[요일 2:1].

이로 인해 저 높은 곳에 있는 거룩함을
볼 수 있게 되었도다.
'영원한 사랑'을 통해
무지한 밤의 자녀들이

이것은 저와 여러분을 가리키는 말입니다.

'영원한 빛' 안에 거하게 되는도다!

— 토머스 비니^{Thomas Binney}

하나님에게서 출발하십시오. 그가 크고 영광스러운 분이시라는 사실, 놀랍고 경이롭고 은혜로운 그의 길을 우리는 결코 헤아릴 수 없다는 사실에서 출발하십시오.

7.

하나님의
지혜

사 40:13-14

누가 여호와의 영을 지도하였으며 그의 모사가 되어 그를 가르쳤으랴?
그가 누구와 더불어 의논하셨으며
누가 그를 교훈하였으며
그에게 정의의 길로 가르쳤으며
지식을 가르쳤으며 통달의 도를 보여주었느냐?

이사야는 우리가 기독교 복음 메시지를 믿을 수 있도록 도움을 주고 있습니다. 그 도움이 어떤 것인지에 대한 고찰을 시작하면서, 믿음을 가로막는 모든 어려움은 결국 한 가지 공통된 원인에서 나온다고 말씀드렸습니다. 그 원인은 바로 하나님에 대한 무지입니다. 그가 누구시며 어떤 분이신지 모르는 것입니다. 그래서 선지자는 하나님에 대한 이야기부터 꺼냄으로써 우리를 돕고 있습니다. 저는 12-17절에 하나님의 세 가지 면모가 나온다고 말씀드렸습니다. 첫째로, 선지자는 하나님의 크심과 능력과 위엄을 강조합니다. 그리고 그다음으로 하나님의 영광을 강조합니다.

앞서 지적했듯이, 오늘 본문에 나오는 하나님의 세 번째 면모는 앞서 나온 두 가지 면모에 논리적으로 당연히 따라 나오는 것입니다. 제가 지금 여러분의 주의를 환기시키려 하는 부분이 바로 이 부분입니다. 제가 사용하려는 표현은—이 표현 자체는 중요하지 않습니다. 다만 간결한 표현이 필요할 것 같아서 사용하는 것입니다—**하나님의 길과 뜻은 헤아릴 수 없다**는 것입니다. 자, 여기 이 말에 대한 자세한 설명이 나오고 있습니다. "누가 여호와의 영을 지도하였으며 그의 모사가 되어 그를 가르쳤으랴? 그가 누구와 더불어 의논하셨으며 누가 그를 교훈하였으며 그에게 정의의 길로 가르쳤으며 지식을 가르쳤으며 통달의 도를 보여주었느냐?" 과연 그렇게 한 사람이 누가 있습니까? 이사야는 이러한 표현방식을 통해 하나님의 길이 우리의 지각을 뛰어넘는 것임을 말하고 있습니다. 그의 능력과 영광이 그렇듯이, 그의 길 또한 헤아릴 수 없는 것이며 영원한 것입니다.

기독신앙을 받아들이지 못하도록 가로막는 온갖 어려움 중에서도 이 어려움만큼 흔한 것은 없다고 말하고 싶습니다. 이것은 늘 문제가 되어 왔습니다. 심지어 가장 위대한 하나님의 성도들조차 그가 주신 말씀과 약속을 믿지 못했습니다. 아무리 생각해도 그가 말씀하신 일은 이루어질 것 같지가 않았습니다. 하나님의 생각과 하나님의 길과 하나님의 말씀은 항상 사람들에게 충격이 되었습니다. 그들은 이해할 수 없었고, 따라서 믿을 수 없었습니다. 이 어려움은 구약성경 전체에 걸쳐 계속 등장하고 있고, 신약성경에도 똑같이 등장하고 있습니다. 우리는 마리아조차 천사를 향해 다음과 같이 말했던 것을 알고 있습니다. "지금 말씀하신 일은 도저히 불가능합니다. 그런 일은 일어날 수가 없어요. 어떻게 결혼도 하지 않은 여자가 아이를 낳겠습니까?" 그때 그에게 돌아온 대답은 이것이었습니다. "대저 하나님의 모든 말씀은 능하지 못하심이 없느니라."^{눅 1:37}.

이것이 문제입니다. 선지자는 바로 이 문제를 흥미로운 방식으로 설명하고 있습니다. 신약성경을 보면 선지자의 이 말을 인용하며 해설하는 본문이 두 군데 나오는데, 이 두 본문을 살펴보는 것보다 더 선지자의 의도를 정확히 이해하기에 좋은 방법은 없습니다. 첫 번째 본문은 로마서 11장입니다.

"깊도다, 하나님의 지혜와 지식의 풍성함이여! 그의 판단은 헤아리지 못할 것이며 그의 길은 찾지 못할 것이로다. 누가 주의 마음을 알았느냐? 누가 그의 모사가 되었느냐? 누가 주께 먼저 드려서 갚으심을 받겠느냐? 이는 만물이 주에게서 나오고 주로 말미암고 주에게로 돌아감이라. 그에게 영광이 세세토록 있을지어다, 아멘"[33-36절].

사도가 여기에서 관심을 갖는 것은 인간과 관련된 하나님의 길입니다. 그는 한 가지 심각한 어려움을 다루는데, 그에 대한 논의가 이 강력한 서신 9, 10, 11장에 나오고 있습니다. 그가 다룬 문제는 하나님이 그의 약속을 철회하신 듯 보인다는 것이었습니다. 하나님은 이스라엘 자손을 택하셨습니다. 그러나 실제로 택하신 백성들 중에는 복음을 믿는 자가 거의 없었고, 오히려 이방인들 중에 믿는 자가 많았습니다. 어떻게 이 사실들이 조화를 이룰 수 있을까요? 이 문제에 대해 사도는 비할 데 없는 논리로 훌륭한 답변을 내놓고 있습니다. 그 모든 답변을 마치면서 한 말이 바로 이것입니다. 요컨대 "이제 전부 대답했다"라고 하면서 "깊도다, 하나님의 지혜와 지식의 풍성함이여!"라고 외친 것입니다. 이것이 요점입니다. 우리는 진리를 희미하게 볼 수밖에 없고, 일정한 정도까지만 파악하고 이해할 수밖에 없습니다. 진리는 우리 너머에, 우리가 찾을 수 있는 곳 너머에 있습니다.

이 이야기만 계속할 생각은 없습니다. 같은 말씀을 인용하는 또다른 본문, 즉 고린도전서 2장을 고찰하고 싶은 마음이 간절하기 때문입니다. 16절은 "누가 주의 마음을 알아서 주를 가르치겠느냐?"라고 말합니다. 제가 보기에는 감동하심을 입은 사도가 이사야서 40장에 암시된 내용을 좀 더 확장해서 설명하는 듯합니다. 문제는 이것입니다. 하나님이 장차 하실 일을 선포하시는데, 사람들은 그것을 이해하지 못합니다. "어떻게 그런 일이 가능하지?"라고 묻습니다. "모든 육체는 풀이요 그의 모든 아름다움은 들의 꽃과 같"은데 어떻게 그런 일이 가능하느냐는 것입니다[6절]. 그에 대한 이사야의 답변은 이것입니다. "이 일을 하시는 주체는 하나님이시다. 그의 능력이다. 그의 영광이다. 그의 길을 이해하려 들지 말라. 그의 길은 찾을 수 없다."

사도는 고린도전서 1장 일부와 2장에서 이 문제를 전반적으로 다루고 있습니다. 어떤 의미에서 그는 이 문제를 다루지 않을 수 없었습니다. 몹시 똑똑하고 지적이었던 그리스인들에게 복음을 전하면서 계속 부딪친 문제가 바로 이것이었기 때문입니다. 그리스는 위대한 철학의 본산지로서, 그리스인들은 무엇보다 지혜와 지식과 지각을 원했습니다. 그래서 바울이 계속 지혜에 대해 논한 것입니다. 그리스인들은 "세상은 잘못되었다. 곤경과 문제로 가득하다. 우리에게는 지혜가 필요하다"라고 말했습니다. 이런 말이 나올 때마다 바울이 즉시 던졌던 질문은 이것입니다. "그 지혜는 현 상황을 어떻게 설명하는가? 어떤 통찰을 제공해 주는가?" 그는 "모든 것을 설명할 이론이 있다. 당신의 문제를 해결할 이상향에 대한 계획이 있다"라고 말하는 사람들의 말에 대응할 준비가 늘 되어 있었습니다.

그리스 철학 사상의 큰 중심지이자 본산지는 아덴(아테네)이었습니다. 성경은 바울이 이 성을 방문했을 때 있었던 일을 생생하게 묘사하고 있습니다. 몇몇 철학자들은 그의 말을 잠시 들어 본 후 이렇게 말했습니다. "이 말쟁이가 무슨 말을 하고자 하느냐?"^{행 17:18} 그들이 듣기에 복음은 전부 헛소리였습니다. 도무지 이해할 수 없는 소리였습니다.

후에 바울은 고린도 사람들에게 복음은 "미련한 것"임을 상기시킵니다^{고전 1:23}. 바울이 아덴을 떠나 고린도로 갔을 때, 그곳 사람들 앞에서 한 일이 무엇입니까? 자, 그는 "예수 그리스도와 그가 십자가에 못 박히신 것"을 전했다고 말합니다^{고전 2:2}. 바울과 그의 메시지나 설교와 관련된 모든 것이 그들에게는 몹시 우습게 보였습니다. 그는 그리스 철학자들 같지 않았고, 위대한 전문 웅변가들 같지 않았습니다. 어법이나 용어 선택이나 구문의 조화에 신경을 쓰지 않았습니다. 그는 형편없는 연사로 보였습니다. 그래서 고린도 사람들은 "그가 몸으로 대할 때는 약하고 그 말도 시원하지 않다"라고 말했습니다^{고후 10:10}. 바울은 사람의 지혜로 말하지 않았습니다. 수사를 쓰지 않았습니다. 설교에 인용과 적절한 인유(引喩)를 끼워 넣지 않았습니다. 설교를 예술작품으로 만들지 않았습니다.

또한 바울은 다양한 철학 학파에 맞추어 메시지를 전하지 않았습니다. 경쟁 학파들을 두루 살피면서 한 가지 주장에 대한 양쪽의 이론을 제시한 후, 비판과 평가를 거쳐 최종적으로 균형 잡힌 판단을 내리지 않았습니다. 사람들이 볼 때 바울은 단순히 어떤 이야기를 해주는 것 같았습니다. 그동안 있었던 일을 차근차근 전해 주는 것 같았습니다. 그의 메시지는 그리스인이 아닌 한 유대인 목수에 대한 것이었습니다. 특히 그가 어떻게 십자가에서 죽었는지에 대한 것이었으며, 어떻게 연약해 보이는 모습으로 못 박혀 죽은 후 무덤에 장사되었는지에 대한 것이었습니다. 그러나 연이어 바울이 전해 준 말은 그가 다시 살아났다는 것이었습니다. 사람들이 듣기에 그것은 괴이한 이야기였습니다. 여기 어디에 철학이 있습니까? 여기 어디에 명철이 있습니까? 이런 가르침 어디에 지혜가 있습니까? 그것은 쓰레기 같은 이야기였고, 참을 수 없을 만큼 어리석은 이야기였습니다. 아주 분명한 사실은, 심지어 고린도 교인들 중에도 이런 이들의 말을 듣고 바울을 비난하는 입장에 약간은 동조하고 싶어 하는 이들이 있었다는 것입니다.

이에 대한 사도의 답변이 무엇입니까? 그 답변이 흥미롭습니다. 바울은 "복음은 불합리하고 비이성적인 것"이라고 답하지 않았습니다. "아, 그렇다. 너희는 지혜를 추구하는 위대한 철학자들이다. 난 당연히 너희에게 줄 지혜가 없다. 난 감정적이고 감성적인 사람에 불과하다. 그저 너희 감정의 표면을 건드려 내가 원하는 방향으로 움직이려 할 뿐이다"라고 말하지 않았습니다. 결코 그렇게 말하지 않았습니다. 그는 오히려 정반대의 말을 했습니다. 바울이 줄 지혜는 없을 것이라는 사람들의 입장에 동의하기는커녕 자신이야말로 참된 지혜를 줄 수 있다고 말했습니다. 그가 말한 요지는 이것입니다. "참되고 유일한 지혜를 제시하고 전하는 사람은 바로 나라는 사실을 너희는 모르고 있다. 이 지혜는 너희가 알고 이해할 만한 그런 종류의 지혜가 아니다. 이 지혜는 하나님의 지혜다. 바로 이것이 문제다. 내가 지혜를 전하지 않는 게 아니라, 내가 전하는 하나님의 지혜가 너무 높아서 너희가 감당치 못하는 것이다. 너희가 이 메시지를 이해하지 못하고 미련하게 여기는 이유가 여기 있다. 이 메시지가 문제가 아니라 너희가 문제인 것이다. 이 지혜를 이해할 능력이 전혀 없는 것이 문제고, 한계가 있는 너희의 태도와 상태가 문제다. 너희는 이 메시지를 미련하다고 하지만, 사실은 이 메시지가 너무 엄청나서 미련해 보이는 것일 뿐이다."

바울이 지적한 이 요점은 기독신앙과 그 메시지를 이해하는 데 절대적으로 중요합니다. 기독신앙의 주창자들도 이 메시지를 심각하게 오해할 때가 간혹 있습니다. 기독교 복음을 비판하는 세상의 지혜에 내놓을 대답은 "물론 우리는 지혜가 없습니다. 그저 평범한 사람에 불과하지요. 우리는 감정의 영역에 살고 있습니다"라는 것이 아닙니다. 오히려 우리는 세상 사람들을 향해 "지혜를 원합니까? 자, 여기 지혜가 있습니다. 여기 비하면 당신들이 자랑하는 지혜는 말할 수 없이 미련한 것입니다"라고 말해야 합니다. 이사야 선지자는 40

장에서 계속 이 이야기를 하고 있고 하나님이 원하시면 그 내용도 함께 살펴보고 싶습니다만, 지금은 우선 위대한 사도가 실제로 말하는 바가 무엇인지 적극적으로 설명해 보겠습니다.

바울의 말을 들어 보시기 바랍니다. "그러나 우리가 온전한 자들 중에서는 지혜를 말하노니—이제 나오는 말에 주목하십시오—이는 이 세상의 지혜가 아니요 또 이 세상에서 없어질 통치자들의 지혜도 아니요—통치자들과 철학자들은 사라질 것입니다—오직 은밀한 가운데 있는 하나님의 지혜를 말하는 것으로서 곧 감추어졌던 것인데 하나님이 우리의 영광을 위하여 **만세 전에** 미리 정하신 것이라. 이 지혜는 이 세대의 통치자들이 한 사람도 알지 못하였나니 만일 알았더라면 영광의 주를 십자가에 못 박지 아니하였으리라"^{고전 2:6-8}.

이것을 여러 간단한 명제로 제시하기 전에 묻고 싶은 점이 있습니다. 지금 제 말을 듣고 있는 여러분들 중에도 아덴과 고린도의 철학자들이 제기했던 바로 그런 이유로 복음을 믿지 않는 분이 있습니까? "저한테 익숙한 건 매사에 충분히 생각해 본 후에, 이해할 수 있는 것만 받아들이는 겁니다. 저는 지적인 자살을 해서는 안 된다는 가르침을 받았고, 이해되지 않는 것을 따르는 건 큰 잘못이라는 가르침을 늘 받았습니다. 제가 받은 모든 훈련, 제가 가진 모든 지식과 학식은 집중하고 생각하며 분석할 것을 가르쳤지요. 저는 제가 구입하는 물건이 어떤 것인지 충분히 알아야 거래를 하고 그 물건을 구입합니다. 이것이 제 입장이지요. 그런데 당신이 전하는 복음은 과거에

한 번도 들어 보지 못한 이야기들을 하네요. 전 그걸 이해할 수가 없고, 따라서 그 이야기들이 어리석게 들립니다"라고 말하는 분이 있습니까?

여러분은 복음을 이해할 수 없다는 이유로 통째로 거부해 버립니다. 이런 관점을 가진 사람들이 제기하는 문제는 새로운 것이 아니라, 사도 바울에게 복음을 들었던 그리스인들이 늘 겪었던 오래된 어려움에 지나지 않습니다. 기독교 메시지를 믿지 못하도록 가로막는 어려움은 구체적인 내용에서 발생하는 것이 아니라 전체적인 접근법에서 발생합니다. 중요한 것은 복음을 대하는 여러분의 기본적인 태도이며, 대다수 사람들의 문제점은 그 태도와 접근법 자체가 너무나 잘못되었기 때문에 어떤 점에서도 바른 생각을 할 수 없다는 것입니다.

이제 여러 가지 명제를 제시해 보겠습니다. 사도가 가장 먼저 말하는 바는 이것이 하나님의 지혜라는 것입니다. "그러나 우리가 온전한 자들 중에서는 지혜를 말하노니 이는 이 세상의 지혜가 아니요 또 이 세상에서 없어질 통치자들의 지혜도 아니요 오직 은밀한 가운데 있는 하나님의 지혜를 말하는 것으로서"^{고전 2:6-7}. 이것이 출발점입니다. 언제나 이것을 출발점으로 삼아야 합니다. 오늘처럼 이렇게 교회에 모여서 하는 일은 교회 밖 세상에서 할 수 있는 모든 일, 그 어떤 일과도 완전히 다르며 전혀 다른 것이라는 사실을 모두가 분명하게 아는지 모르겠습니다. 학회와 문화매체를 비롯한 모든 것을 한번 살펴보십시오. 그 모든 것을 다 합쳐서 살펴보아도 복음을 듣기 위해 모이는 그리스도인들의 모임과 닮은 점을 찾지 못할 것입니다. 우리는 별개의 범주에 속한 사람들이며, 완전히 다른 영역에 속한 사람들입니다. 여타의 단체나 조직들은 다 인간이 만든 것입니다. 인간의 사고나 이른바 인간의 영감, 인간의 상상력, 인간의 재능, 인간의 능력이 만들어 낸 결과물들입니다. 물론 그런 것들도 다 괜찮습니다. 저는 지금 그런 것들을 비판하는 것이 아닙니다. 그런 것들도 다 훌륭합니다. 다만 제가 밝히고 싶은 점은 복음을 그런 것들과 같은 범주에 넣어서는 안 된다는 것입니다.

인간의 능력과 삶을 기품 있게 만들어 주는 것들로 인해 하나님께 찬양을 드립시다. 조각과 미술, 음악과 시를 비롯하여 우리를 고양시켜 주고 향상시켜 주는 모든 것들로 인해 하나님께 감사를 드립시다. 그것들도 다 놀랍습니다. 하나님의 형상을 따라 지음 받은 인간의 위대함을 증명해 줍니다. 그러나 복음을 그 범주에 넣어서는 안 됩니다. 복음은 그 범주에 속한 것이 아닙니다. 복음은 인간이 위로 발돋움하는 것이 아닙니다. 하나님이 아래로 내려오시는 것입니다. 하나님의 지혜입니다. 전적으로 하나님 편에서 나온 것입니다. 바울 사도가 고린도전서에서 설명하는 바가 이것이며, 이사야가 논하는 바도 이것입니다.

이사야는 우리의 구원이 하나님의 생각이요, 하나님의 계획이요, 하나님이 친히 준비하신 일이라고 말합니다. 아무도 하나님께 구원을 제안하지 않았습니다. 아무도 하나님 곁에서 충고하지 않았습니다. 누가 하나님의 모사 역할을 했습니까? 누가 하나님께 그리스도 안에서 이러한 일들을 하시라고 건의했습니까? 어떤 인간도 그렇게 하지 않았습니다. 구원은 오직 하나님에게서 나온 일입니다. 아니, 저는 여기에서도 좀 더 나아가 다음과 같이 말하고 싶습니다. 하나님이 복음 안에서 하신 일에 인간은 완전히 배제되어 있습니다. 구원은 인간의 요청에 대한 응답이 아닙니다. 마치 인간이 하나님을 향해 호소하고 기도한 결과, 그가 무슨 일을 하시는 것처럼 생각하는 이들이 많이 있습니다. 설사 그렇다 해도 놀라운 일이라는 생각에는 저도 동의합니다. 그러나 복음은 그보다 무한히 더 놀라운 것입니다. "우리가 아직 죄인 되었을 때에" 하나님은 이 일을 하셨습니다 롬 5:8. 우리와 상관없이, 우리의 됨됨이와 상관없이, 우리의 행동과 상관없이 이 일을 하셨습니다. 이 점은 아무리 강조해도 지나치지 않습니다. 여기에서 벗어난 생각이 바로 장애물로 작용하기 때문입니다. 구원은 전부 하나님이 하신 일입니다. 세상도 위인을 배출합니다. 그러나 그리스도는 하늘에서 내려오신 분입니다. 복음도 마찬가지입니다.

여러분, 이것을 확신합니까? 평범한 사고규준과 참고사항, 평상시의 기준들은 애초에 포기해야 한다는 것을 알겠습니까? 저는 이사야의 표현방식이 상당히 마음에 듭니다. 그는 하늘을 재시며 접시저울로 산들을 달아 보시고 막대저울로 언덕들을 달아 보시는 하나님을 이야기한 후, 13절에서 이렇게 묻고 있습니다. "그런데 이런 하나님의 영을 지도할 사람이 있겠느냐? 어떻게 그럴 수가 있겠느냐! 그런데도 너희는 그런 시도를 하는구나." 사도도 똑같은 논증을 반복합니다. "지혜 있는 자가 어디 있느냐? 선비가 어디 있느냐? 이 세대에 변론가가 어디 있느냐?"라고 묻습니다고전 1:20. 가장 위대한 철학자들이 어디 있습니까? 한번 데려와 보십시오. 불러와 보십시오. 그들 중에 성령의 뜻을 재고 달아 볼 수 있는 자가 있습니까? 이것은 대답할 필요조차 없는, 너무나 어리석은 발상입니다.

"모든 것이 완전히 이해되지 않으면 믿지 않겠다"라고 말하는 것은 인간의 보잘것없고 하찮은 머리로 하나님을 재 보려 하는 짓임을 이제 알겠습니까? 사랑하는 여러분, 그것은 어리석은 짓입니다. 하나님을 이해한다는 것은 불가능한 일입니다. 복음을 이해한다는 것도 불가능한 일입니다. 지금까지 살펴보았듯이 복음은 하나님이 생각해 내신 것, 전적으로 완전히 하나님께 속한 것이기 때문입니다.

이것이 바울의 첫 번째 진술입니다. "하나님의 지혜를 말하는 것으로서." 그러나 바울이 여기에서 그치지 않는다는 사실을 여러분도 알아챘을 것입니다. 그는 이렇게 말하고 있습니다. "오직 은밀한 가운데 있는 하나님의 지혜를 말하는 것으로서 곧 감추어졌던 것인데"고전 2:7. 이 또한 얼마나 긴요한 진술인지 모릅니다. 사실 "복음은 하나님의 지혜"라는 말만으로도 거의 충분한 설명이 될 것입니다. 그러나 인간은 그 본성상 무엇이든 이해하기를 갈망하며 무한하고 영원한 것들까지 포괄하는 정신의 능력을 믿기 때문에, 진리 또한 한 점 의심 없이 아주 명확하게 설명되어야 한다고 생각합니다. 복음은 하나님의 지혜일 뿐 아니라, 그렇기 때문에 감추어진 지혜이기도 합니다. 계시되었지만, 동시에 감추어져 있습니다. "은밀"한 가운데 있습니다.

바울은 어떤 의미에서 "은밀"한 가운데 있다고 하는 것일까요? 세분하여 설명해 보겠습니다. 실제로 사도 자신이 고린도전서 2장에서 세분하여 설명해 주고 있습니다. 인간은 그 본성상 복음 안에 있는 하나님의 큰 목적, 하나님의 뜻과 계획을 인식조차 할 수 없다고 그는 말합니다. 평범한 사람들은 사실상 하나님의 구원 방법을 전혀 알지 못하며, 지금까지 무슨 일이 일어났는지조차 모르는 것 같습니다. 오늘날 사람들에게 2,000년 전 일어났던 사건들에 대해 어떻게 생각하느냐고 물으면 아마 어깨를 움찔할 것입니다. 금생에 일어날 수 있는 일 중에 가장 위대한 일이 일어났습니다. 그런데 평범한 사람들이 그 일을 알고 있습니까? 사람들은 자신들이 역사의 영향을 받는다고 말하는데, 정작 역사상 가장 큰 사건에는 아무런 영향도 받지 않고 있습니다. 그 이유가 무엇입니까? 은밀한 것이기 때문입니다. 사람들은 그 일을 이해하지 못합니다. 그 일은 감추어져 있습니다.

오늘날 우리는 역사를 논하며 시대를 논합니다. 그렇지 않습니까? 그러나 역사에 두 가지 유형이 있다는 사실은 알지 못합니다. 여러분이 세속 역사책에서 읽을 수 있는 역사—왕과 군주, 전쟁과 분쟁, 경제적인 변화에 관련된 사실과 날짜들—가 있습니다. 그 역사도 아주 중요합니다. 맞습니다. 그러나 또 다른 역사가 있습니다. 그것은 바로 이 책 성경에 나오는 역사, 구속의 역사, 하나님이 세상에서 행하신 일들로 이루어진 역사입니다. 두 역사는 때로 하나로 합쳐지기도 하고 두 갈래로 나뉘어 흘러가기도 합니다. 그러나 세상은 한 역사만 주목하며, 다른 역사는 쳐다보지도 않고 관심조차 갖지 않습니다. 오, 그렇습니다. 우리는 모두 미래를 내다보기 위해 애를 씁니다. 세계대전이 또 일어날 것인지 묻습니다. 장차 무슨 일이 일어날 것인지 묻습니다. 아주 좋습니다. 그것은 세속의 시간과 역사에 대한 관심입니다. 그러나 또 다른 역사, 하나님의 아들이 만왕의 왕이자 만주의 주로 하늘 구름을 타고 세상에 다시 오실 날이 다가오고 있음을—그날이 빨리 올 수도 있습니다—알려 주는 역사에는 얼마나 많은 관심을 기울이고 있습니까? 이것은 실제로 일어날 일입니다. 곧 일어날 일입니다. 그런데도 세상은 마치 복음이 찾아오지 않은 것처럼, 그동안 아무 일도 일어나지 않은 것처럼 살고 있습니다. 이처럼 복음은 감추어져 있습니다. 은밀한 가운데 있습니다.

　더 나아가, 저는 이렇게 말하고 싶습니다. 복음의 좋은 소식이 바로 눈앞에 있는데도 육에 속한 사람들은 그것을 보지 못합니다. 바울은 "이 세대의 통치자들"조차 보지 못한다고 말합니다. 여기에서 "통치자"란 왕 같은 사람들만 가리키는 것이 아니라 위대한 철학자들이나 사상의 왕들을 비롯한 인생 모든 영역의 왕들을 가리킵니다. 그는 말합니다. "이 지혜는 이 세대의 통치자들이 한 사람도 알지 못하였나니 만일 알았더라면 영광의 주를 십자가에 못 박지 아니하였으리라"고전 2:8. 그들은 주님을 보면서 말했습니다. "이 나사렛 목수, 요셉의 아들이 대체 누구지?"

그들에게는 눈에 보이는 그의 모습이 전부였습니다. 그러나 똑같이 그를 보면서 "우리가 그의 영광을 보니 아버지의 독생자의 영광이요 은혜와 진리가 충만하더라"라고 말한 다른 무리가 있었습니다요 1:14. 두 무리가 같은 분을 보았습니다. 그런데 한 무리의 눈에는 목수가 보였고, 다른 무리의 눈에는 영광의 주가 보였습니다. 이처럼 하나님의 지혜는 감추어져 있습니다. 은밀한 가운데 있습니다. 이 점에 대해서는 곧 좀 더 자세히 설명하겠습니다만, 이 모든 진술들이 지극히 중요하다는 사실, 하나님이 만질 수 있도록 그 지혜를 계시하셨는데도 세상이 알아보지 못했다는 사실은 반드시 알고 넘어가야 합니다.

한 단계 더 나아가 보겠습니다. 사도의 말을 들어 보시기 바랍니다. "육에 속한 사람은 하나님의 성령의 일들을 받지 아니하나니 이는 그것들이 그에게는 어리석게 보임이요 또 그는 그것들을 알 수도 없나니 그러한 일은 영적으로 분별되기 때문이라"고전 2:14. 성령의 일은 사람들이 전혀 이해할 수 없는 질서에 속해 있습니다. 복음은 사람들에게 익숙한 그 무엇과도 다르기 때문에 미련하게 보이며 은밀하게 감추어집니다. 죄에 빠진 인간의 비극은 하나님의 지혜를 미련하게 본다는 것이며, 오히려 자신들의 지혜가 하나님께 미련하다는 사실을 깨닫지 못하는 것입니다. 그러므로 이 모든 주제와 관련하여 사도가 최종적으로 내리는 결론은, 반드시 성령의 일이 있어야만 복음을 받아들일 수 있다는 것입니다.

복음이 직접 이렇게 말하고 있다는 사실을 아십니까? 여러분 중에도 다음과 같은 이유를 대며 믿지 않는 분이 있는지 모르겠습니다. "글쎄요, 제가 보니 위대한 사람들은 기독교를 믿지 않더군요. 저명인사들은 다 교회에 다니지 않더라고요. 과학자나 소설가, 사상계의 지도자들은 다 지식과 지각을 갖춘 사람들인데 그리스도인이 아닙니다. 그런 사람들이 믿지 않는다면 저도 믿지 않는 편이 낫지요. 그들은 저의 스승이요 인도자니까 말입니다." 여러분도 이런 주장을 하고 있습니까?

사도의 답변은 아무리 위대한 자라고 해도 영적인 진리에는 소경이라는 것입니다. 그들은 성령만이 주실 수 있는 감동과 인도와 빛과 기름부음이 없는 "육에 속한" 자들입니다. 인간의 수준에서 볼 때 복음 메시지는 말이 되지 않습니다. 그런데도 사람들은 회개를 하고 회심을 합니다. 평생 "쓰레기야! 헛소리야! 기독교에는 아무것도 없어"라고 말했던 사람이 갑자기 "이것이야말로 생명이요 모든 것"이라고 말합니다. 대체 무슨 일이 일어난 것일까요? 두뇌도 예전과 똑같고 지각도 예전과 똑같고 신체기능도 예전과 똑같습니다. 그런데

마틴 로이드 존스
영광

158

대체 무엇 때문에 이런 변화가 일어나는지 제가 알려 드리겠습니다. 그들은 하나님의 성령이 밝혀 주셨기 때문에 변한 것입니다. 그들의 정신을 진리 앞에 열어 주시고 은밀한 지혜를 계시해 주셨기 때문에 변한 것입니다.

성령이 꼭 필요합니다. 이 모든 내용을 사도가 어떻게 표현하고 있는지 들어 보십시오. "이 지혜는 이 세대의 통치자들이 한 사람도 알지 못하였나니 만일 알았더라면 영광의 주를 십자가에 못 박지 아니하였으리라. 기록된 바 하나님이 자기를 사랑하는 자들을 위하여 예비하신 모든 것은 눈으로 보지 못하고 귀로 듣지 못하고 사람의 마음으로 생각하지도 못하였다 함과 같으니라. 오직 하나님이 성령으로 이것을 우리에게 보이셨으니 성령은 모든 것 곧 하나님의 깊은 것까지도 통달하시느니라."

그러고 나서 바울은 다음과 같은 놀라운 논거를 제시하고 있습니다. "사람의 일을 사람의 속에 있는 영 외에 누가 알리요? 이와 같이 하나님의 일도 하나님의 영 외에는 아무도 알지 못하느니라"^{고전 2:8-11}.

이것이 바울의 논거입니다. 내 마음속에 비밀이 한 가지 있습니다. 그 비밀은 내 영혼 속에 있는 것이기에 아무리 학식이 높고 똑똑한 사람이 알아내려고 애를 써도 내가 말해 주기 전까지는 절대 알 수가 없습니다. 그렇지 않습니까? 사람의 영혼 깊은 곳에 있어서 다른 사람은 도저히 알아낼 수 없는 것들이 있습니다. 그런 것들은 오직 본인이 말해 주어야만 알 수가 있습니다. 사람도 그러할진대 하나님은 얼마나 무한히 더 그러하시겠습니까! 여러분이 어떻게 하늘에 올라가 하나님의 뜻을 헤아릴 수 있겠습니까? 하나님의 뜻을 이해할 수 있는 분은 오직 한분, 하나님의 성령뿐입니다. 성령이 하나님의 목적을 계시해 주실 때에만 여러분은 그 목적을 이해할 수 있습니다.

이것이 복음의 방법입니다. 이 지혜는 참으로 감추어진 것이요 은밀한 것입니다. 그러니 세상의 위대한 인물들이 다 복음을 거부한다고 해서 놀라지 말기 바랍니다. 바울은 말합니다. "형제들아, 너희를 부르심을 보라. 육체를 따라 지혜로운 자가 많지 아니하며 능한 자가 많지 아니하며 문벌 좋은 자가 많지 아니하도다"고전 1:26. 왜 많지 않을까요? 그런 사람들은 자기의 철학을 의지하기 때문입니다. 그들은 믿을 것인지 말 것인지 결정하기 전에 하나님의 뜻부터 이해하고 싶어 합니다. 그러나 그것은 불가능한 일입니다. 복되신 주님의 말씀처럼 "돌이켜 어린아이들과 같이 되지 아니하면 결단코 천국에 들어가지 못"합니다마 18:3. 자신이 완전히 무력한 존재이며 성령이 필요한 존재라는 것을 깨달을 때에만, "이것은 하나님의 생각이고 하나님의 길이다. 그런데 그것을 이해해 보겠다고 애를 쓰며 굳이 설명하려 들었다니, 나는 얼마나 어리석은 자였는가! 이제는 내가 어린아이로 나아가야 한다는 것을 안다. 나는 빈손으로, 어떤 의미에서는 빈 머리로 나아가 계시를 듣고 받아들여야 한다"라고 말할 때에만 진리는 명확해집니다.

다른 측면도 서둘러 살펴보겠습니다. 바울은 말합니다. "곧 감추어졌던 것인데 하나님이 우리의 영광을 위하여 만세 전에 미리 정하신 것이라"^{고전 2:7}. 하나님은 인간의 행동에 놀라지 않으셨다고 사도는 말합니다. 복음은 일이 벌어진 후에 마련된 것이 아닙니다. 성경은 세상의 기초가 놓이기도 전에 하나님이 구원 방법을 계획해 놓으셨다고 가르치고 있습니다. 하나님은 처음부터 끝까지 다 보고 계십니다. 모든 것을 알고 계십니다. 사랑하는 여러분, 이 세상은 하나님의 통제권 밖에 있지 않습니다. 그렇게 보일 수 있지만, 그렇지 않습니다. 세상은 하나님의 손안에 들어 있습니다. 그는 세상 모든 것을 알고 계십니다. 영원 전부터 모든 것을 보아 오셨습니다. 복음은 하나님의 감추어진 지혜이며 세상의 기초가 놓이기도 전에 이미 정해진 비밀입니다. 다시 말해서, 하나님은 세상에 대해 계획을 세워 놓으셨습니다. 그 계획이 이 놀라운 복음 안에 다 계시되어 있습니다. 죄에 빠진 인간의 문제를 다루시는 하나님의 방법 및 계획이 계시된 것이 바로 이 복음입니다. 길을 잃은 세상의 문제, 인간이 온갖 창의력과 재능을 동원해도 해결할 수 없는 문제, 그럼에도 수세기에 걸쳐 해결해 보고자 애써 왔던 문제를 다루시는 방법 및 계획이 계시된 것이 바로 이 복음입니다.

이처럼 하나님께는 계획이 있습니다. 바울은 불과 얼마 안 되는 구절에서 그 계획의 요소와 특징들을 전부 언급하고 있습니다. 하나님의 지혜가 여기 있고, 인류의 문제를 해결하시는 그의 방법이 여기 있습니다. 그것이 무엇입니까? 하나님의 해결책은 무엇보다 우리가 성육신이라고 부르는 사건과 관련되어 있습니다. 바울이 "이 세대의 통치자들이 하나도 알지 못하였나니 만일 알았더라면 나사렛의 목수를 십자가에 못 박지 아니하였으리라"라고 말합니까? 아닙니다! "만일 알았더라면 **영광의 주**를 십자가에 못 박지 아니하였으리라"라고 말합니다. 이것이 하나님의 지혜입니다. 우리가 지금까지 알고 있던 모든 것과 얼마나 철두철미하게 다른지 모릅니다. 구유에 누워 있는 저 아기를 보십시오.

여러분은 말할 것입니다. "아, 그래요. 아주 평범한 모습이군요. 아무 힘없는 아기의 모습이 이상할 것은 전혀 없지요. 놀라울 것도 전혀 없고요. 그런데 저기에 하나님의 지혜가 있다고요?"

잠깐만 기다려 보십시오, 여러분. 저 아기가 누구입니까? 몇 달만 지나면 작은 장난감들을 가지고 놀게 될 저 아기가 대체 누구입니까? 여러분은 저 아기가 누구인지 알고 있습니까? 그는 섬들을 "떠오르는 먼지"처럼 여기시는 분입니다[사 40:15]. 세상에 오시기 전에 우주를 가지고 놀았던 분입니다! 영광의 주입니다. 베들레헴의 아기, 목수, 학교에는 가 본 적도 없는 사람, 무식해 보이는 저 사람이 바로 영광의 주입니다. 바로 여기에 하나님의 지혜가 있습니다. 제가 왜 그토록 하나님의 구원 방법을 이해하려고 애쓰지 말라고 강조했는지 이제는 알 것입니다. 하나님의 구원 방법은 우리가 이해할 수 없는 것입니다. 우리가 헤아릴 수 없는 것입니다. 그러니 바울과 같이 우리도 이렇게 말합시다. "크도다, 경건의 비밀이여. 그렇지 않다 하는 이 없도다"^{딤전 3:16}.

베들레헴의 아기가 바로 영광의 주입니다. 두 사람은 동일인물입니다. 한 인격 안에 두 본성이 있습니다. 그는 분명히 인간이시면서, 동시에 분명히 하나님이십니다. 완벽한 인간 그 자체면서, 완벽한 하나님 그 자체입니다. 저는 바로 이런 분을 여러분에게 전하고 있는 것입니다. 인간 스승을 전하는 것이 아닙니다. 위인을 전하는 것이 아닙니다. 제가 여러분에게 전하는 일은 은밀한 일, 기이한 일, 성육신의 기적입니다. 제가 여러분에 전하는 분은 하나님인 동시에 인간인 분, 한 인격 안에 섞이지 않는 두 본성을 지닌 분이십니다. 이런 일을 여러분이 이해할 수 있겠습니까? 이런 일을 위대한 철학자라고 해서 하나님께 제안할 수 있었겠습니까? 하나님이 인간을 구하러 오시는 일이 사람이 말씀드릴 수 있을 법한 일입니까? 인간이 제안할 수 있을 법한 일입니까! "누가 주의 마음을 알아서 주를 가르치겠느냐?"^{고전 2:16} 오, 성육신─하나님, 영광의 주가 육신을 입고 오셔서 우리 가운데 거하신 일─을 이해하길 바라는 인간의 말할 수 없는 미련함과 뻔뻔함이여!

좀 더 나아가 봅시다. 두 번째 비밀은 그의 죽음입니다. 바울은 세상의 통치자들이 하나님의 지혜를 알았다면 영광의 주를 못 박지 않았을 것이라고 주장합니다. 저는 '역설'이라는 말이 남용되고 있는 것이 항상 못마땅한데, 그렇게 남용된 결과 말 자체가 진부해지고 마땅히 사용할 자리에 사용할 수 없을 만큼 싸구려가 되어 버렸기 때문입니다. 진정한 역설을 알고 싶다면, 바로 여기 그 역설이 있습니다. 영광의 주가 못 박히셨습니다. 만물을 친히 지으셨고 지금도 존재케 하시는 분이 연약하게 십자가에 못 박히시고, 사람들에게 거부당하시고 멸시당하시며, 무덤에 묻히셨습니다. 이런 일을 여러분이 이해하겠다는 것입니까? 여러분의 정신으로 파악하겠다는 것입니까? 자, 여러분은 이런 일을 받아들일 수 있습니까? 영광의 주가 무력하게 십자가에 못 박히신 채 고통으로 소리를 지르시면서, 갈증을 호소하시면서 죽어 갑니다. 사람들이 그의 시신을 내려 무덤에 두고 돌을 굴려 입구를 막습니다. 영광의 주가 못 박혀 죽습니다.

베드로는 예루살렘 사람들을 향해 설교하면서, 그들이 "생명의 주"—생명을 지으신 바로 그분—를 죽였다는 아주 인상적인 표현을 사용했습니다행 3:15. 이 말은 참이든지 완전한 헛소리든지, 둘 중에 하나일 것입니다. 생명의 주가 못 박히셨습니다. 이것이 우리가 전하는 메시지이며, 기독교 복음입니다. 복음은 여러분에게 더 나은 삶을 살라거나 마음을 다잡으라거나 개과천선하라거나 교회에 나오라고 말하지 않습니다. 결코 그렇게 말하지 않습니다. 복음은 하나님이 행동하셨다는 선언입니다. 그는 "그 아들을 보내사 여자에게서 나게 하시고 율법 아래에 나게" 하셨고갈 4:4, 아들은 갈보리 십자가라는 구렁텅이로 자청해서 나아가셨습니다. 왜 그랬을까요? 자, 바울이 다음으로 하고 있는 이야기가 이것입니다.

바울은 이 모든 일이 "우리의 영광을 위하여" 일어났다고 말합니다. "오직 은밀한 가운데 있는 하나님의 지혜를 말하는 것으로서 곧 감추어졌던 것인데 하나님이 우리의 영광을 위하여 만세 전에 미리 정하신 것이라"고전 2:7. 바로 이것이 우리를 구원하시는 하나님의 방법입니다. 그야말로 우리가 생각지도 못했던 방법 아닙니까? 우리는 더 많은 교육이 필요하다고 생각했습니다. 더 많은 격려의 말이 필요하다고 생각했습니다. 위대한 본보기, 우리가 본받고 따를 만한 사람, "이게 바로 우리가 원하는 거야. 마침내 찾았어! 이제 이 놀라운 본보기를 따르기만 하면 돼"라고 말할 수 있는 사람이 필요하다고 생각했습니다. 이것이 구원에 대한 우리의 생각 아닙니까? 그러나 감사하게도 하나님의 생각은 달랐습니다. 왜냐하면 나는 주님의 본보기를 따를 수가 없기 때문입니다. 내 힘으로는 산상설교에서 말하는 삶을 살 수가 없습니다. 내가 세운 기준조차 지킬 수가 없습니다. 더구나 과거에 지은 죄도 해결되지 않은 채 남아 있습니다. 애써 외면해 보지만 소용이 없습니다. 나는 그 죄들이 남아 있음을 압니다. 그 죄가 다 기록되어 있음을 압니다.

구원받기 위해서는 먼저 이러한 과거의 죄로부터 벗어나야 하는데, 하나님이 지혜로 벗어날 길을 찾아 주셨습니다. "나의 영광을 위하여" 영광의 주를 못 박히게 내어 주신 것입니다. "하나님이 죄를 알지도 못하신 이를 우리를 대신하여 죄로 삼으신 것은 우리로 하여금 그 안에서 하나님의 의가 되게 하려 하심이라"고후 5:21.

이것은 은밀한 일입니다. 비상한 일입니다. 죄 없는 이가 와서 우리 대신 죄책을 지고 죽는다는 말을 들어 본 적이 있습니까? 자신을 거역한 자들의 문제를 직접 담당한다는 말, 아들의 위격으로 찾아와 친히 짊어져 준다는 말을 들어본 적이 있습니까? 이런 일에 대해 생각이라도 해본 적이 있습니까? 복음 앞에 나아갈 때에는 세상과 완전히 다른 태도로 나아가야 한다는 것을 아직도 모르겠습니까? 복음은 전적으로 하나님에게서 나온 것, 완전히 다른 것, 우리가 이해할 수 없는 것입니다. 복음은 은밀하게 감추어진 하나님의 지혜로서, 이것을 계시해 주시는 분은 오직 성령 한분뿐입니다.

마지막 요점은 이것입니다. "우리가 세상의 영을 받지 아니하고 오직 하나님으로부터 온 영을 받았으니 이는 우리로 하여금 하나님께서 **우리에게 은혜로 주신 것들**을 알게 하려 하심이라"고전 2:12. 이 은밀한 지혜, 기이한 지혜, 감추어진 지혜의 가장 영광스러운 측면은 다음과 같이 고백하는 자들에게 이 구원을 아무 대가 없이, 돈이나 값을 요구하지 않고, 거저 주신다는 것입니다.

빈손 들고 앞에 가
십자가만 붙듭니다.
벌거벗은 나, 옷 입혀 주시기를 구합니다.
무력한 나, 은혜 주시기를 구합니다.
더러운 이 몸, 그 샘으로 달려가오니

씻어 주소서, 구주여, 죽지 않도록^{통일찬송가 188장 3절 참조}.

— 오거스터스 탑레이디^{Augustus Toplady}

동전 한 푼 없는 거지로, 의(義)라고는 전혀 찾아볼 수 없는 빈털
터리로 나아갑니다. 그런데 의가 거저 주어집니다. 이사야는 이 사실
을 아주 좋아했습니다. 그는 말합니다. "오호라, 너희 모든 목마른 자
들아, 물로 나아오라. 돈 없는 자도 오라. 너희는 와서 사먹되 돈 없
이, 값 없이 와서 포도주와 젖을 사라"^{사 55:1}. 바로 이것입니다. 선지자
는 계속해서 이렇게 말하고 있으며, 바울 역시 이 모든 것을 거저 주
신다고 말하고 있습니다.

사람들의 궁극적인 미련함과 비극이 여기 있습니다. 그들은 복
음 중에서도 이렇게 거저 주신다는 말씀에 가장 반발합니다. 교만하
게 제 힘으로 차지하고 싶어 합니다. 체면을 지키고 싶어 합니다. "우
리는 아직 거지가 아니야"라고 말합니다. 주님은 주님을 믿는 것처
럼 보이는 자들에게 이렇게 말씀하셨습니다. "너희가 내 말에 거하
면 참으로 내 제자가 되고 진리를 알지니 진리가 너희를 자유롭게
하리라." 그러자 그들은 뒷걸음질을 치며 말했습니다. "우리가 아브
라함의 자손이라. 남의 종이 된 적이 없거늘 어찌하여 우리가 자유롭
게 되리라 하느냐?"^{요 8:31-33}

복음은 세상이 알고 있는 그 어떤 것과도 닮지 않았습니다. 하나
님은 자신을 거역한 자들을 거저 용서해 주십니다. 오, 우리가 아직

죄인 되었을 때 그리스도께서 우리를 위하여 죽으셨다는 사실이 믿어집니까? 바울은 말합니다. "곧 우리가 원수 되었을 때에 그의 아들의 죽으심으로 말미암아 하나님과 화목하게 되었은즉"롬 5:10. 여러분과 제가 하나님을 심히 대적하고 있는 동안 하나님은 이 모든 일을 해놓으셨습니다. 완벽하게 해놓으셨습니다. 그리고 거저 그 구원을 주십니다.

우리가 전하는 것은 바로 이러한 하나님의 지혜입니다. 하나님은 이 방법으로 우리를 입양하셨습니다. 아들이 그의 보내심을 받아 세상에 오셨습니다. 예루살렘을 향하여 올라가기로 굳게 결심하시고 고난과 고통과 십자가의 수치에 자신을 내어놓음으로 우리 죄를 속하셨으며, 우리를 하나님과 화목케 하셨습니다. 하나님은 이 아들 안에서 값없이 여러분의 죄를 사해 주겠다고, 자신과 바른 관계를 회복하게 해주겠다고 하십니다. 새 생명과 새 본성, 새 출발을 주겠다고 하십니다. 성령을 주겠다고 하십니다. 여러분을 후사로 삼아 주시며, 장차 맞이할 영광을 얼핏 보여주겠다고 하십니다. 여러분, 이것이 복음입니다. 하나님의 복음입니다. 하나님의 능력이요, 하나님의 사랑이요, 하나님의 지혜입니다.

부족하나마 복음을 살펴보았으니, 이제 우리가 할 일은 한 가지뿐입니다. 하나님 앞에 엎드려 다음과 같이 아뢰면 되는 것입니다. "주 하나님, 저의 지성을 자랑했던 것, 어리석게도 자랑했던 것을 용서해 주시고 미약한 지각을 내세웠던 것을 용서해 주십시오. 구원과 해방은 당신의 방법으로 되는 것이지 인간의 방법으로 되는 것이 아님을 이제 알겠습니다. 이해는 되지 않지만 믿겠습니다. 제게 믿음을 주십시오. 성령으로 저를 비추사 믿을 수 있게 해주십시오."

하나님을 전적으로 의지한다고 고백하십시오. 그러면 성령을 주시고 진리를 보여주실 것입니다. 나사렛 예수야말로 영광의 주시라는 사실과 그 주께서 여러분을 용서하시며 하나님의 자녀와 후사로 만들어 주기 위해 오셨다는 사실, 장차 영광으로 나아가게 하기 위해 오셨다는 사실을 알려 주실 것입니다. 이것이 하나님의 지혜입니다. 이 지혜는 감추어진 것이지만 감사하게도 계시되었습니다. 그리스도 안에서 계시되었습니다. 지금 있는 모습 그대로 그에게 달려가십시오. 전적으로 그를 의지하십시오. 그러면 구원을 주실 것입니다.

8.

불신앙에 대한
답변

사 40:18-24

그런즉 너희가 하나님을 누구와 같다 하겠으며 무슨 형상을 그에게 비기겠느냐?
우상은 장인이 부어 만들었고 장색이 금으로 입혔고 또 은사슬을 만든 것이니라.
궁핍한 자는 거제를 드릴 때에 썩지 아니하는 나무를 택하고
지혜로운 장인을 구하여 우상을 만들어 흔들리지 아니하도록 세우느니라.
너희가 알지 못하였느냐? 너희가 듣지 못하였느냐?
태초부터 너희에게 전하지 아니하였느냐?
땅의 기초가 창조될 때부터 너희가 깨닫지 못하였느냐?
그는 땅 위 궁창에 앉으시나니 땅에 사는 사람들은 메뚜기 같으니라.
그가 하늘을 차일같이 펴셨으며 거주할 천막같이 치셨고 귀인들을 폐하시며
세상의 사사들을 헛되게 하시나니 그들은 겨우 심기고 겨우 뿌려졌으며
그 줄기가 겨우 땅에 뿌리를 박자 곧 하나님이 입김을 부시니
그들은 말라 회오리바람에 불려 가는 초개 같도다.

지금까지 우리는 이사야 40:1-11에 나오는 복음의 위대한 선포, 즉 하나님의 아들이 세상에 오시기 약 800년 전에 선지자가 받은 메시지를 함께 고찰해 왔습니다. 이제 우리 앞에 놓인 중대한 질문은 이것입니다. 사람들에게는 대체 무슨 문제가 있는 것일까요? 이런 메시지를 듣고서도 얼른 받아들이지 않는 이유, 무슨 수를 써서라도 붙잡지 않는 이유, 이런 메시지를 주신 것에 감사하며 하나님을 찬양하지 않는 이유가 대체 무엇입니까? 우리가 살펴보았듯이, 이사야가 12절부터 마지막 절까지 고찰하면서 설명하고 있는 문제가 바로 이것입니다.

12-17절에 나오는 선지자의 첫 번째 답변은 이미 살펴보았습니다. 그가 이 문제에 대해 즉시 꺼내는 말은, 하나님의 참된 본질과 특징을 너무나도 모르는 데 이 모든 어려움의 진정한 원인이 있다는 것입니다. 특히 그는 하나님의 길은 헤아릴 수 없다는 점을 밝히는 데 관심을 기울입니다. 사도 바울도 고린도전서 2장에서 같은 주제에 대해 강력한 논증을 전개하면서, 하나님의 지혜는 인간의 제한된 지각을 뛰어넘는 것이기에 인간은 복음을 이해하지 못한다는 논리적인 주장을 펼치고 있습니다.

이사야는 오늘 본문에서 한 단계 더 나아가고 있는데, 그가 이야기를 시작하는 방식이 우리의 주목을 끕니다. 그는 똑같은 표현을 18절에서도 사용하고 있고, 25절에서도 사용하고 있습니다. 마치 "너희가 이 논거에 만족하지 못하겠다면, 이처럼 놀라운 복음을 여전히 이해하지 못하겠다면, 한번 다음과 같이 접근해 보겠다"라고 말하는 듯합니다. 그는 말합니다. "그런즉 너희가 하나님을 누구와 같다 하겠으며 무슨 형상을 그에게 비기겠느냐?"18절 "거룩하신 이가 이르시되 그런즉 너희가 나를 누구에게 비교하여 나를 그와 동등하게 하겠느냐?"25절 이사야는 절박한 심정으로 묻고 있습니다. "대체 어떻게 설명하면 좋겠느냐? 대체 무엇이 잘못되었느냐? 무엇이 너희를 잡고 있는 것이냐? 무엇이 이 메시지를 믿고 받아들이지 못하도록 막고 있는 것이냐?"

그는 약속을 능히 지키시는 하나님의 힘과 능력을 믿지 못하도록 인간을 가로막는 큰 어려움을 여기에서 다시 한 번 다룹니다. 인간을 가로막는 그 장애물은 바로 의심입니다. 사람들은 말합니다. "아, 좋은 말씀이긴 합니다만, 그런 일이 과연 가능할까요? 그런 일이 정말 일어나겠습니까? 말이야 얼마든지 할 수 있지만 그런 일이 정말 일어나겠습니까?"

이사야가 말하는 요지는 이것입니다. "자, 이 말을 믿지 못하는 사람의 문제는 하나님의 참된 본질과 본성을 여전히 이해하지 못한다는 것이다." 그는 먼저 일반적인 차원에서 이 점을 설명했습니다.

하나님이 "손바닥으로 바닷물을 헤아렸으며 뼘으로 하늘을 쟀으며 땅의 티끌을 되에 담아 보았으며 접시저울로 산들을, 막대저울로 언덕들을 달아" 보신 분이심을 상기시켰습니다[12절]. 하나님께서는 "열방이 통의 한 방울 물과 같고 저울의 작은 티끌 같으며 섬들은 떠오르는 먼지" 같다고 이야기했습니다[15절]. 하나님의 영광은 레바논의 모든 땔감을 태워서 그 짐승들을 전부 바쳐도 부족할 정도로 크다고, 그 정도로 "그의 앞에는 모든 열방이 아무것도" 아니며 "그는 그들을 없는 것같이, 빈 것같이 여기"신다고 이야기했습니다[17절].

그런데도 사람들은 여전히 자리를 털고 일어나 믿지 못하며 좋은 소식을 붙잡지 못한다는 점을 이사야는 알았던 것 같습니다. 왜 믿지 못할까요? 자, 그들은 하나님에 대해 잘못 생각하고 있는 것이 분명합니다. 그래서 선지자는 그들에게 도전합니다. 그는 이렇게 묻습니다. "너희는 하나님을 어떤 분으로 생각하느냐? 그를 누구와 비교하느냐? 혹시 우상들을 보듯이 하나님도 보고 있느냐? 그것이 너희의 판단기준이냐? 아니면, 세상의 대단한 귀인들이나 사사(재판관)들, 현자들, 법적인 결정권을 행사할 수 있는 사람들, 생각하고 숙고하여 증거를 가려내고 분석할 줄 아는 사람들, 건전하고 공평한 판결을 내릴 줄 아는 사람들을 보듯이 하나님도 보고 있느냐? 너희는 하나님을 그렇게 생각하고 있느냐?" 이사야가 이런 식의 논증을 전개하는 것은 믿지 못하는 자들을 돕기 위해서입니다.

그의 요지는 이것입니다. "내가 보니 너희는 분명 많은 것을 믿고 있다. 우상도 믿고, 귀인도 믿고, 사사도 믿고, 위대한 자들도 믿는다. 그런데 그런 자들은 그토록 신뢰하면서, 하나님과 그가 계시하신 진리는 믿지 못하는구나." 이 얼마나 기막힌 노릇입니까! 불신앙이 그대로 드러나고 있습니다! 이것이 제가 이해하는 이사야의 메시지입니다. 그는 이 같은 태도, 즉 귀인이나 사사 같은 인간의 약속은 기꺼이 믿고 받아들이면서도 하나님의 약속은 믿기를 주저하는 인간의 실상과 무서운 불신앙의 상태를 다루고 있습니다.

이러한 이사야의 논증으로 볼 때, 우리도 비극적인 인간의 불신앙에 대해 성경이 명확하게 가르치고 있는 바를 제시할 자격이 있는 것이 분명합니다. 어떤 의미에서 불신앙은 성경의 큰 주제라고 할 수 있습니다. 불신앙은 결정적인 저주입니다. 모든 사람이 하나님과 그 아들과 그의 구원 방법을 믿기만 한다면 세상이 얼마나 달라지겠습니까! 사람들이 복음을 믿고 실천하기만 한다면, 신앙을 받아들이고 그대로 살기만 한다면 세상은 전부 낙원이 될 것입니다. 우리의 모든 문제는 결국 불신앙에서 비롯된 것입니다. 불신앙은 결정적인 죄로서 인류의 뒤를 내내 좇아왔습니다. 최초의 문제를 일으킨 원인도 불신앙이었습니다. "참으로……하시더냐?"라는 질문이 원인이었던 것입니다^{창 3:1}. 바로 이것입니다. 한번 의문이 생기면, 마음이 우쭐해지고 교만해져서 이런저런 질문을 던지게 됩니다. 이것은 전부 불신앙의 표현입니다. 반복하지만, 불신앙은 성경의 큰 주제입니다. 다행스럽게도 우리는 불신앙에 대한 성경의 주장을 몇 가지 간단한 명제의 형태로 정리할 수 있습니다.

첫째는 이것입니다. 불신앙은 말할 수 없이 어리석은 것입니다. 하나님을 믿지 않는 것은 얼마나 미련한 짓입니까! 성경을 읽어 보면 일반적인 죄에 대한 이야기와 불신앙이라는 특정한 죄에 대한 이야기를 많이 찾아볼 수 있습니다. 성경은 죄를 반역과 교만으로 봅니다. 불법으로 봅니다. 표적에서 벗어난 것으로 봅니다. 불신앙의 미련함만큼 성경이 자주 강조하는 바가 없다는 제 말에 여러분도 동의하리라 생각합니다. 이런 생각이 아주 분명하게 표현되어 있는 시편이 두 편 있습니다. 그 구절들을 읽어 보면 마치 벼락이 치는 것 같습니다. "어리석은 자는 그의 마음에 이르기를 하나님이 없다 하는도다"시 14:1, 53:1. 이것이 하나님이 없다고 말하는 사람들에 대한 성경의 최종적인 판단입니다. 그들은 어리석은 자입니다. 성경에서 어리석은 자란 우둔하고 미욱한 자를 가리킵니다. 똑바로 생각하지 못하는 자를 가리킵니다. 그들의 진정한 문제가 여기 있습니다. 이성과 이해력이 결여된 것입니다.

오직 세상만을 위해 살면서 하나님께는 부요하지 못했던 한 사람에 대해 주님이 사용하신 용어도 정확히 같은 것이었습니다. 엄청난 소출로 인해 이 사람의 곳간은 터져 나갈 지경이 되었습니다. 얼마나 풍족했던지 본인도 자기 재산에 놀랄 정도였습니다. 그래서 그는 자축하며 이렇게 말했습니다. "영혼아, 여러 해 쓸 물건을 많이 쌓아 두었으니 평안히 쉬고 먹고 마시고 즐거워하자." 그러나 그날 밤 하나님은 그를 부르셨습니다. "이 어리석은 자여!"^{눅 12:19} "넌 어리석은 자다. 스스로 냉정하고 현명한 사업가이자 세상 물정에 밝은 자라고 생각하면서 한 번도 나약하게 종교적 콤플렉스에 빠진 적이 없다고 자랑하지만, 사실 너의 진정한 문제점은 선견지명과 냉철함이 있기는커녕 제대로 생각하는 방법조차 모른다는 것이다"라는 것입니다. 하나님은 그에 대해 "어리석은 자"라는 판결을 내리십니다^눅
12:16-21.

이사야 선지자가 40장에서 자신만의 방식으로 시적인 심상을 사용하여 아주 선명하게 제시하고 있는 측면이 바로 이 불신앙의 어리석음입니다. 그는 다음과 같이 불신자의 어리석음을 입증하고 있습니다. 하나님을 믿지 않는 사람은 반드시 다른 무언가를 믿게 마련입니다. 그들이 믿는 것이 무엇입니까? 우상입니다! "그런즉 너희가 하나님을 누구와 같다 하겠으며 무슨 형상을 그에게 비기겠느냐?" 이 질문에 대한 대답은 이것입니다. "우상은 장인이 부어 만들었고 장색이 금으로 입혔고 또 은사슬을 만든 것이니라." 사람들이 우상을 만드느라 얼마나 수고하는지 보십시오. 여유가 있는 사람은 자기가 구할 수 있는 재료 중에 가장 비싼 재료를 마련합니다. 비싼 값을 치르고 그 재료를 사서 우상의 형상을 만듭니다. 그리고 마무리 작업으로 금장색을 시켜 금을 입히고, 은사슬을 만들어 걸어 줍니다.

이처럼 사람들이 최선을 다해 우상을 만드는 것은 그것을 믿기 때문이며, 그것이 자신을 도와주리라 생각하기 때문입니다. 그들은 우상을 의지하며, 우상에 힘입어 살아갑니다.

20절은 권위자들마다 해석이 다른, 기이한 구절입니다. "궁핍한 자는 거제를 드릴 때에 썩지 아니하는 나무를 택하고 지혜로운 장인을 구하여 우상을 만들어 흔들리지 아니하도록 세우느니라." 너무 가난해서 금이나 은이나 귀금속으로 우상을 만들지 못하는 사람이 있습니다. 귀금속은 당연히 아주 비싸기 때문에 그것을 살 여유가 없는 사람은 자기가 구할 수 있는 나무 중에 가장 좋은 나무를 고른다고 선지자는 말하고 있습니다. 그는 썩지 않을 것 같은 나무, 재질이 단단하고 건조가 잘 되어서 험한 날씨에도 버틸 만한 나무를 고르기 위해 애를 씁니다. 그리고 솜씨 좋은 목수를 시켜 자기가 섬길 우상을 조각하게 합니다. 이미 말했듯이, 이 부분에 대해 권위자들은 각기 다른 해석을 내놓고 있습니다. 앞서 말했듯이, 이 부분에서 권위자들의 해석이 갈라집니다. 어떤 이들은 이것이 단순히 가난한 자들에 대한 이야기라고 말합니다. 세상은 부자와 가난한 자로 나뉩니다. 부자는 금으로 우상을 만들고, 가난한 자는 자기가 구할 수 있는 나무 중에 가장 좋은 나무로 우상을 만듭니다. 그러나 또 다른 이들은—저는 이 의견에 상당한 타당성이 있다고 생각합니다—이것이 원래 가난한 사람들에 대한 이야기라기보다는 우상을 너무 많이 만드느라 돈을 탕진한 탓에 가난해진 사람들, 그래서 이제는 나무를 사서 우상을 만들 수밖에 없는 사람들에 대한 언급이라고 말합니다.

사람들이 그 정도로 우상을 많이 믿었다는 사실을 후자가 더 드러내고 강조한다는 점만 제외한다면, 어떤 의미에서 두 설명의 차이는 그리 중요치 않습니다. 더 좋은 우상을 만들어 경의를 표하려 하다 보면 가난해질 수밖에 없습니다. 또 가난해도 가능한 한 가장 좋은 나무를 사려고 합니다. 어떤 의미에서 그들이 마다할 일은 하나도 없습니다. 그런데 이스라엘 자손들은 하나님이 이사야를 통해 그분 자신에 대해 알려 주신 메시지는 믿지 못했습니다. 하나님이 이스라엘을 만드신 것은 그분 자신을 위해서였습니다. 자신을 위해 아브라함이라는 사람을 택해서 나라를 이루게 하시고, 그 백성 가운데 기사를 행하신 것입니다. 그런데 그들은 그 모든 사실에 등을 돌리고 우상 숭배에 빠져 버렸습니다. 하나님을 믿지 못하겠다고 거절했습니다. 그러면서 우상은 믿었습니다!

세상에는 이런 일이 얼마든지 있습니다. 사람들은 자신들이 너무 유능하고 지적이어서 하나님을 못 믿겠다고 말합니다. 그런데 그 대신 무엇을 믿는지 보십시오. 현대의 우상들을 한번 보십시오. 사람들은 자신들이 너무나 지적이어서 복음을 믿고 받아들이거나 승복하지 못하겠다고 말합니다. 그런데 그 대신 무엇을 신뢰하는지 보십시오. 세상이 스스로 만들어 낸 신들을 한번 보십시오. 그들은 부 자체를 구하기도 하고, 높은 자리와 지위를 구하기도 하며, 때로는 단순히 옷을 구하기도 합니다. 이른바 지상의 대단한 자들에게 높은 평가를 받기 위해 그들을 우상화하고 모방하기도 합니다. 사람들이 만들어 내고 기꺼이 헌신하는 우상의 종류는 한없이 많습니다. 이사야의 말처럼 그들은 가난해집니다. 시간과 열정과 에너지와 돈을 탕진합니다. 어떤 이들은 자기 분에 넘치는 사회적 수준에 맞추어 살려하다가 계속해서 재정 문제에 부닥치며 심지어 파산하기도 합니다. 고대인들이 금 신상을 만들면서 했던 일을 요즘 사람들도 그대로 반복하고 있습니다. 이것은 우상 숭배입니다. 생활방식을 숭배하는 것입니다.

사상과 학식을 숭배하는 사람들도 있습니다. 어떤 이들은 확실히 과학을 숭배합니다. 마치 과학이 신이라도 되는 것처럼 치켜세웁니다. 추상적인 문제도 구체적인 문제로 바꾸어 버립니다. "과학은 이러이러하게 가르친다"라고 말합니다. 물론 과학 자체의 가르침 같은 것은 없습니다. 과학자들이 이런 말도 하고 저런 말도 하는 것입니다. 그런데 사람들은 과학 자체를 신으로 만들어 놓고, 우리와 세상의 삶 전체 위에 군림하는 이 엄청난 대상 앞에 절을 합니다. 이 이야기를 하느라 여러분을 귀찮게 할 필요는 없을 것입니다. 현대인들은 하나님께 등을 돌려 버렸습니다. 그들은 복음 메시지를 믿지 않습니다. 그 대신 지식과 학식의 진보가 세상을 구원해 주며 모든 것을 바로잡아 줄 것이라고 믿습니다. 또 정치활동도 있습니다! 이런 것들이 다 현대의 우상이자 신들로 군림하고 있습니다. 이사야의 생생한 묘사는 사람들이 이런 우상들에게 어떤 경의와 신뢰를 바치는지 보여줍니다.

현대인들이 "귀인들"과 "세상의 사사들"을 어떻게 대하는지도

불신앙에 대한
답변

살펴보기 바랍니다[23절]. 제가 보기에는 인간 지도자들에 대한 믿음—슈퍼맨이나 최고 권력자를 만들어 내려는 생각—이 점점 강해지고 있는 것 같습니다. 확실히 정신을 바짝 차리고 이 위험에 대처할 필요가 있습니다. 어떻게 보면 세계대전이라는 비극의 전적인 원인도 여기 있었다고 해야 할 것입니다. 그렇습니다. 전쟁(제2차 세계대전) 전에 독일에서 일어났던 일에 주목해야 합니다. 똑같은 현상이 영국에도 만연하고 있습니다. 한 지도자의 말을 맹목적으로 따르면서 무조건적인 지지를 보내는 이런 성향이야말로 현대세계가 여전히 맞닥뜨리고 있는 가장 큰 위험 중에 한 가지일 것입니다.

여러분이 직접 조사해 보십시오. 남자든 여자든 동료 인간을 신으로 삼고자 하는 이 욕망, 상상 속에서 그들을 빚어내고 이상화하려는 이 욕망이 얼마나 다양하게 표출되고 있는지 보게 될 것입니다. 우리는 그들에게 없는 자질을 부여합니다. 그 예라면 얼마든지 들 수 있습니다. 우리가 부와 특권을 가지고 태어나는 "귀인들"을 어떻게 대하는지, 그뿐 아니라 "세상의 사사들"이라는 말로 요약되는 유형의 사람들, 선견지명을 가진 지도자들을 어떻게 대하는지 보십시오. 우리는 그들에게 전적인 신뢰를 보낼 준비를 하고 있습니다. 일종의 아우라를 부여하면서, 마치 완전무오한 사람들인 것처럼 말하려는 경향이 있습니다.

'왕의 신권'을 믿었던 시절이 있습니다. 이제는 왕에게 신권이 있다고 믿지 않지만, 다른 사람들—"귀인들"과 "사사들", 철학자들과 현자들—에게는 신권이 있는 것처럼 굳게 믿고 있습니다. 보통의 평범한 사람들은 하나님과 기독신앙을 믿지 않습니다. 그러면서도 이런 위대한 지도자들과 사상가들은 그 지혜로 우리 인생의 모든 문제를 해결해 주고 우리를 일종의 낙원으로 인도해 줄 것이라고 믿어 의심치 않습니다. 그렇기 때문에 그들에게 승복하며, 얼마든지 자신들을 다스리고 통치하며 거의 전체주의적인 통제권까지 행사할 수 있도록 허용합니다. 이것이 현대인들의 입장 아닙니까?

그러나 선지자의 주장을 들어 보시기 바랍니다. 그가 말하는 요지는 이것입니다. "너희는 우상과 귀인들과 사사들은 믿으면서 하나님은 믿지 않는구나." 오, 얼마나 무서운 일입니까! 선지자가 어떻게 비꼬는지 보십시오. 그는 우상이 생산되는 전 과정을 설명한 후, 이렇게 말합니다. "너희가 알지 못하였느냐? 너희가 듣지 못하였느냐? 태초부터 너희에게 전하지 아니하였느냐? 땅의 기초가 창조될 때부터 너희가 깨닫지 못하였느냐? 그는 땅 위 궁창에 앉으시나니……" 21-22절. 이사야의 말뜻은 이것입니다. "너희가 그렇게 돈을 들여 금이나 은 같은 것들로 만든 우상은 사실상 존재하지 않는다. 실재하지 않는다."

성경은 우상 숭배의 허망함을 계속해서 폭로하고 있습니다. 예컨대 시편 115편 말씀을 보시기 바랍니다.

"오직 우리 하나님은 하늘에 계셔서 원하시는 모든 것을 행하셨나이다. 그들의 우상들은 은과 금이요 사람이 손으로 만든 것이라."

그다음에 나오는 우상에 대한 묘사도 보십시오.

"입이 있어도 말하지 못하며 눈이 있어도 보지 못하며 귀가 있어도 듣지 못하며 코가 있어도 냄새 맡지 못하며 손이 있어도 만지지 못하며 발이 있어도 걷지 못하며 목구멍이 있어도 작은 소리조차 내지 못하느니라. 우상들을 만드는 자들과 그것을 의지하는 자들이 다 그와 같으리로다"[3-8절].

오, 그렇습니다. 사람들은 완벽한 신상, 완벽한 우상을 만들기 위해 자기가 찾아낼 수 있는 최고의 조각가를 찾아내서 고용합니다. 신중하게 눈을 만들고 코를 새기고 귀와 입술과 손발의 형태를 만들게 합니다. 그렇게 우상이 만들어집니다. 다 완성해 놓고 보니, 얼마나 굉장한지 모릅니다! 수고한 보람이 있습니다. 그런데 그 우상을 숭배하러 가기 전에 던져 보아야 할 간단하고도 분명한 질문이 한 가지 있습니다. 그 우상은 나를 위해 무슨 일을 해줄 수 있습니까? 눈의 모양은 완벽합니다. 그런데 보지 못합니다. 입매도 아름답습니다. 그러나 말하지 못합니다. 손도 보십시오. 오, 해부학적으로 완벽합니다! 그러나 사용하지 못합니다. 아름다운 발도 보십시오! 그러나 걷지 못합니다. 우상이 할 수 있는 일은 한 가지도 없습니다. 그야말로 무용지물입니다.

시편까지 찾아볼 필요도 없습니다. 이사야도 시편만큼 완벽한 대조를 보여주고 있습니다. 그는 46장에서 하나님과 우상의 차이를 간단하게 요약합니다. 우상은 여러분이 어깨에 메어서 옮겨 주어야 합니다. 그러나 하나님은 여러분을 품어서 옮겨 주십니다^{사 46:4-7}. 여러분은 우상을 만듭니다. 그러나 그 우상은 움직이지 못합니다. 아무것도 하지 못합니다. 전부 여러분이 대신 해주어야 합니다. 그런데 바로 이런 우상들, 쓸모도 없고 할 수 있는 일도 없는 단순한 형상들을 믿고 의지하면서 거기에 자기의 운명을 맡기는 것입니다.

오늘날 세상이 숭배하는 우상들을 보십시오. 그 우상들이 할 수 있는 일이 무엇입니까? 세계대전이 일어났을 때 해준 일이 있었습니까? 사랑하는 이들이 멀리 떠나 싸우고 있었을 때 도움 준 것이 있었습니까? 공습을 받아 사랑하는 아들딸이 죽었다는 소식을 들었을 때 해준 일이 있었습니까? 여러분이 건강을 잃거나 죽음을 기다릴 때 해주는 일이 있습니까? 그렇습니다. 아무것도 없습니다. 우상이 우리에게 해줄 수 있는 일은 하나도 없습니다.

세상의 위대한 사람들, 귀인들, 사사들도 마찬가지입니다. 이사야의 말을 들어 보십시오.

"귀인들을 폐하시며 세상의 사사들을 헛되게 하시나니 그들은 겨우 심기고 겨우 뿌려졌으며 그 줄기가 겨우 땅에 뿌리를 박자 곧 하나님이 입김을 부시니 그들은 말라 회오리바람에 불려 가는 초개 같도다"^{사 40:23-24}.

그들의 시도는 실패를 거듭해 왔습니다. 우리는 지금 지난 세기의 모든 발전과 학문과 지식을 이어받은 20세기에 살고 있습니다. 그런데 아직도 정부와 귀인들과 권세들을 신뢰하고 있습니까? 인간의 지혜와 철학과 정치활동을 믿고 있습니까? 그런 것들이 해준 일이 무엇입니까? 우리에게 도움 준 것이 있었습니까? 다 헛된 짓이었음이 입증되지 않았습니까? 정작 필요할 때마다 매번 기대를 저버리지 않았습니까? 세상이 우리 눈앞에서 이 점을 입증하고 있는데도 우리는 그런 것들을 신뢰하며 일종의 신앙으로 삼고 있습니다. 여전히 헛된 것들을 믿고 있습니다. 불신앙은 말할 수 없이 미련한 것이라는 선지자의 주장이 전적으로 옳다는 생각이 들지 않습니까? 우상은 믿으면서 하나님은 믿지 않다니요! 그런 태도를 묘사할 말은 오직 한 가지, 완전히 미련하다는 것밖에 없습니다.

이사야가 말하는 두 번째 요점은, 불신앙은 항상 비참할 만큼 무지하다는 것입니다. 그는 두 가지 방식으로 이 이야기를 하고 있습니다. 그 첫 번째가 21-22절에 나옵니다.

"너희가 알지 못하였느냐? 너희가 듣지 못하였느냐? 태초부터 너희에게 전하지 아니하였느냐? 땅의 기초가 창조될 때부터 너희가 깨닫지 못하였느냐? 그는 땅 위 궁창에 앉으시나니 땅에 사는 사람들은 메뚜기 같으니라. 그가 하늘을 차일같이 펴셨으며 거주할 천막같이 치셨고."

이것은 성경의 또 다른 중대한 주장입니다. 이사야가 말하려 하는 바는, 하나님을 믿지 않는다는 것은 결국 하나님이 창조자시라는 사실에 대한 심각하고도 비참한 무지의 표출에 불과하다는 것입니다. 선지자는 말합니다. "하나님이 세상을 창조하셨다는 말을 듣지 못했느냐? 알지 못하느냐? 믿음으로 우리는 하나님이 아무것도 없는 데서 세상을 만들어 내셨음을 안다."

로마서 1장에 나오는 사도 바울의 위대한 주장도 이것입니다. 바울은 사람이 죄와 불신앙 가운데 사는 일에 대해 어떤 핑계도 댈 수 없다고 주장합니다. 그들의 생각이 정당화될 수 없는 이유는 이것입니다. "창세로부터 그[하나님]의 보이지 아니하는 것들 곧 그의 영원하신 능력과 신성이 그가 만드신 만물에 분명히 보여 알려졌나니"[20절]. 하나님의 보이지 아니하는 것들은 처음부터 피조세계, 자연에 나타나 있었습니다. 피조세계 그 자체가 하나님이 계신다는 증거이자 표시인 것입니다. 자연에 하나님의 계시가 없다면 불신앙과 죄에 대해 핑계 댈 것이 있겠지만, 자연을 살펴보면 핑계 댈 것이 없습니다. 하나님은 창조자로 자신을 계시하셨습니다.

이것은 잘 알려진 논증입니다. 이 논증은 디자인과 질서와 배열, 꽃의 완벽함, 어린양의 완벽함, 해마다 규칙적으로 바뀌는 계절, 열매를 맺는 땅, 철 따라 이동하는 새의 본능에 그 근거를 두고 있습니다. 하나님을 떠나 이 모든 것을 설명할 수 있습니까? 성경은 이 증거만으로도 하나님의 존재를 충분히 입증하고도 남는다고 주장합니다. 자연이 보여주는 디자인과 목적성 그 자체가 '궁극적인 정신'을 믿을 것을 명한다고 말하는 제임스 진스 경이나 그 밖의 사람들의 논증도 훨씬 미약하기는 하지만 같은 유형에 속합니다. 여기 이사야서에도 같은 설명이 나오고 있습니다.

불신앙에 대한
답변

하나님을 믿지 않는 사람들은 자연을 제대로 생각하지 않는 것입니다. 피조세계를 제대로 생각하지 않는 것입니다. 그들은 여러 가지 가정을 세우며 진화론 같은 가설에 의존합니다. 몇몇 사람들이 필사의 노력으로 이른바 이론의 증거를 마련하면, 다른 이들은 그 증거에 신뢰를 보냅니다. 한 과학자가 나타나서 필트다운인^{Piltdown man}*이 진화의 증거를 제공해 준다고 말하면, 그의 말을 믿고 참 놀라운 일이라고 생각하는 식입니다. 그러나 지금은 필트다운인 같은 것은 없었다는 사실을 알고 있습니다! 여러분, 제가 치사하게 굴려고 이런 말을 하는 것이 아닙니다. 저는 치사하거나 불공평한 사람이 되고 싶지 않습니다. 저는 지금 사실을 이야기하고 있습니다. 우리는 만물의 배후에 하나님의 궁극적인 뜻이 있다는 것을 보여주는 피조세계의 증거보다는 과학자들의 추측과 이론을 더 쉽게 믿습니다. 우리를 이렇게 만든 원인은 바로 무지입니다. 하늘과 땅만 제대로 보아도 그것이 하나님의 작품임을 알 수 있습니다. 그런데 죄가 우리 눈을 가려 버렸습니다. 우리는 무지합니다. "이 세상의 신"이 우리 정신을 가려 버렸습니다^{고후 4:4}.

무지의 비극을 보여주기 위한 이사야의 두 번째 논증을 간단히 살펴보겠습니다. 그는 하나님이 "귀인들을 폐하시며 세상의 사사들을 헛되게" 하신다고 말합니다^{23절}. 하나님은 피조세계를 통해 자신을 계시하실 뿐 아니라 역사를 통해서도 자신을 계시하십니다. 시편 46편은 이 특별한 논증을 간결하게 진술하고 있습니다. 시편기자는

* 1912년 영국 서식스 주 필트다운에서 두개골이 발견되었으나 후에 가짜로 드러났다―옮긴이.

"와서 여호와의 행적을 볼지어다"라고 말합니다. 전쟁이 어떻게 끝나는지, 창과 활이 어떻게 산산이 부서지고 병거가 어떻게 불타는지 보라고 말합니다. 이 모든 일을 하신 분이 누구십니까? 하나님이십니다. 그러니 그 앞에 가만히 있으라고 시편기자는 말합니다. 이 모든 일을 보면서 항복하고 굴복하며 하나님을 하나님으로 인정하라는 것이 그의 주장입니다[8-10절].

성경을 관통하는 주장은 역사 자체가 하나님의 하나님 되심을 보여주는 증거라는 것입니다. 성경의 역사가 아닌 세속의 역사와 큰 왕조들의 흥망만 살펴보아도 알 수 있습니다. 왕조들이 생겨나 번영을 누리다가 쇠락하는 모습을 보십시오. 왕조들은 역사에 등장했다가 사라져 버립니다. 왜 그럴까요? 문명이 무너지는 이유가 무엇입니까? 자, 역사의 과정 자체에 어떤 힘이 내재되어 있다는 현대 역사가의 견해를 믿을 수도 있습니다. 그 역사가는 역사의 과정을 이상화하고 신격화해서 그 자체를 신으로 만들어 버렸습니다. 여러분은 그런 견해를 믿을 수 있습니까? 제가 볼 때 그것은 얼토당토않은 주장입니다.

그렇습니다. 제가 아는 합당한 설명은 오직 한 가지, 이 책 성경에 나오는 것뿐입니다. 전능하신 여호와 하나님이 땅 위 궁창에 앉아 역사를 통제하십니다. 역사는 하나님의 것입니다. 그가 인간을 만드셨습니다. 그가 역사를 움직이십니다. 죄의 유입을 허용하셨다고 해서 왕위에서 물러나신 것이 아닙니다. 인간이 바벨탑을 쌓고 자신들의 지성만으로 충분하다고 말했을 때, 하나님은 그들의 탑을 무너뜨리셨습니다. 그 후에 일어난 다른 큰 문명도 불어서 없애 버리셨습니다. 성경이 역사를 얼마나 잘 요약하고 있는지, 그것도 정확하게 요약하고 있는지 모릅니다. 여러분은 성경에서 앗수르, 바벨론, 페르시아 같은 큰 제국들이 잇따라 등장하는 것을 볼 수 있습니다. 하나님은 그들의 등장을 허락하신 후, 단숨에 무너뜨리셨습니다. 구약 역사를 읽으면서 하나님의 손길이 어떻게 나타나는지 보시기 바랍니다. 그는 어떤 강대국도 거대한 존재로 세상을 마음껏 활보하게 두시지 않습니다. 강대국이라고 두려워할 필요가 없습니다. 하나님은 그 누구도 마음껏 활보하게 두시지 않았으며, 앞으로도 그렇게 두시지 않을 것입니다. 강대국들이 계속 힘을 행사할 것 같고 세상의 독재자들이 잇따라 등장하는 것 같지만, 그들이 전권을 잡은 것처럼 보이는 바로 그때 하나님이 치십니다. 그러면 곧바로 무너지는 것입니다.

다니엘서를 읽어 보십시오. 요한계시록을 읽어 보십시오. 그리스도가 태어나신 이후의 세속 역사를 읽어 보십시오. 이 점을 알게 될 것입니다. 하나님이 거기 계십니다. "여호와께서 다스리시니 만민이 떨 것이요"시 99:1. 역사의 하나님이 이런 일들을 행해 오셨는데도 여러분과 저는 눈이 멀어 진실을 보지 못하고 있습니다. 20세기에도 진실을 보지 못하고 있고, 과거에서도 진실을 보지 못하고 있습니다. 그러나 진실은 우리 눈앞에 있습니다. 여러분이 여기 나오는 선지자의 눈으로 역사를 돌아본다면, 기꺼이 저와 함께 찬송할 것입니다.

우리는 여름날의 꽃처럼 덧없이 피었다가
바람이 불면 사라지네.
인생은 왔다 가지만
하나님은 변함없이 그 자리에 계시네.

― H. F. 라이트

하나님이 보이지 않습니까? 아직도 그를 모르겠습니까? "너는 알지 못하였느냐? 듣지 못하였느냐?"²⁸절 여호와 하나님은 역사 속에 계신 분이시요, 창조자시요, 존재하는 모든 것을 통제하는 분이십니다. 그런데 사람들은 무지해서 이것을 모르고 있습니다. 이것을 믿지 않고 있습니다. 그 대신 별을 믿습니다. 운을 믿습니다. 자기 나라의 위대함이나 특정 지도자를 믿습니다. 학문을 믿습니다. 이런 것들을 믿으며, 이런 것들이 우리의 운명을 통제한다고 믿습니다. "도리어 왕의 호흡을 주장하시고 왕의 모든 길을 작정하시는 하나님께는 영광을 돌리지 아니한지라"단 5:23. 오, 죄의 무지함이여! 사람들은 하나님이 선포하시고 제시하신 이 사실들을 모르고 있습니다. 사도 바울의 주장처럼 우리는 핑계 댈 것이 없습니다. 증거가 뻔히 있기 때문입니다. 자연과 역사의 증거를 직시하십시오. 선지자의 강력한 논증을 파악하십시오.

이 점은 마지막 요점으로 이어집니다. 불신앙은 미련한 것이며 무지한 것입니다. 그리고 세 번째로, 불신앙은 자신의 태도가 가져오는 결과를 알지 못합니다. 이 말을 하려니 좀 망설여집니다. 이런 이야기가 환영받지 못한다는 것을 알기 때문입니다. 이런 이야기가 인기를 끌지 못한다는 것을 저도 알고 있습니다. 그러나 사랑하는 여러분, 이 말을 하지 않는다면 저는 소명에 불충한 사람이 될 것입니다. 비겁한 사람이 될 것입니다. 여러분에게 가장 형편없는 친구가 될 것입니다. 반복하건대, 불신앙은 자신의 태도가 몰고 올 결과를 알지 못합니다. 제가 하려는 말은 우리가 믿든 믿지 않든 이 모든 것은 사실이라는 것입니다. 하나님은 하나님이십니다. 하나님은 주님이십니다. 내가 이해하지 못한다고 해서 존재하시지 않는 것이 아닙니다. 우리가 전기(電氣)를 이해하지 못해도 전기는 존재하는 것과 같습니다. 하나님을 이해할 수 없기 때문에 믿지 않겠다고 말할 수 있지만, 그것과 전혀 상관없이 하나님은 존재하십니다.

피조세계와 역사 속에 자신을 계신하신 하나님은 온 우주의 하나님이시요 전능하신 여호와 하나님이십니다. 그에게는 능력이 있습니다. 그는 왕조들을 불어서 무너뜨리시고 폭군들을 몰락시키심으로써 역사 속에 그 능력을 나타내셨습니다. 또한 그는 우주의 재판장이시기도 합니다. 보좌에 홀로 앉아 계시며, 누구에게도 그 자리를 나누어 주시지 않습니다. 그는 모든 속성과 능력에서 독보적인 분이시며 절대적인 분이십니다. 저와 여러분은 모두 그의 손안에 들어 있으며, 그의 손안에서 벗어날 수 없습니다. 이것이 이사야가 가르치고 있는 내용입니다. 그는 간절히 이 내용을 전하고 싶어 합니다. 이런 하나님, 이처럼 전능하신 하나님을 믿지 않는 사람들을 향해 호소합니다. 설교의 임무는 사람들에게, 모든 사람들에게 "살아 계신 하나님의 손에 빠져 들어가는 것이 무서울진저"라고 말하는 것입니다[히 10:31]. 우리의 기한은 그의 손안에 들어 있습니다. 과학은 우리를 돕지 못합니다. 세상의 지혜도 우리를 돕지 못합니다. 그것들은 죽음을 쫓아내지 못합니다. 만물의 종말을 막지 못합니다.

사랑하는 여러분, 언제가 되어야 정신을 차리고 지혜로워져서 이런 사실들을 깨닫겠습니까? 귀인들이나 사사들이나 위인들이나 강대국들이나 위대한 사상들이 이 부분에 도움을 주지 못한다는 것을 알면서도 그런 것들에 대해 떠드는 이유가 무엇입니까? 우리는 여기 있고, 하나님은 저기 계십니다. 그리고 우리는 그분 앞에 서야 합니다. 피할 길이 없습니다. 이 점을 모르는 사람은 너무나 어리석은 것입니다. 비참할 정도로 미련한 것입니다. 이 이유 하나만으로도 하나님을 믿기에 충분합니다. 하나님은 하나님이시며, 하나님으로서 만물에 대해 권한을 가지고 계시니 그를 믿으라고 지혜는 명령하고 있습니다. 하나님은 하나님 자신을 위해 우리를 만드셨고, 우리에 대해 권한을 가지고 계십니다. 우리가 우리 자신을 살게 하고 존재하게 한 것이 아니기 때문에 우리에게는 아무런 권한이 없습니다. 우리가 우리 자신에게 건강이나 힘이나 그 밖의 것들을 준 것이 아닙니다. 하나님이 다 주신 것입니다. 그가 모든 선한 것과 온전한 선물을 주셨습니다. 하나님을 믿지 않는 것은 곧 전능자와 싸우는 것이며 영원한 멸망을 자초하는 길이니 그를 믿으라고 지혜는 명령하고 있습니다.

감사하게도 제가 여러분에게 하나님을 믿으라고 말하는 또 다른 이유, 지혜만으로도 충분하지만 지혜로운 논증을 뛰어넘는 이유가 있습니다. 그것은 전능하신 하나님, 우주의 주인께서 여러분과 저처럼 어리석고 왜소하고 유한한 피조물이 자신을 반역하고 죄를 지으며 자신의 이름을 모욕하고 자신의 얼굴에 침을 뱉으려 했음에도 불구하고, 그에 대한 최후의 형벌로 지옥에 던져지셔야 마땅함에도 불구하고, 오히려 불쌍히 여기시며 굽어보셨다는 사실입니다. 우리의 죄와 상관없이 그는 우리를 사랑해 주셨습니다. 은혜와 자비와 긍휼로 독생자를 보내 주셨습니다. 죄 있는 육신의 모양으로 보내 주셨을 뿐 아니라 십자가로 보내서 우리 죄를 지게 하시고 우리가 맞을 매를 대신 맞게 하셨습니다. 그렇게 여러분을 향한 사랑과 긍휼을 나타내셨습니다. 마치 "피조세계의 증거나 역사의 증거, 내가 만든 모든 것들에 나타나는 표시를 보고서도 믿지 못하겠다면, 이 십자가를 보고 나를 믿어라. 내가 마음을 열고 청한다. 내게로 돌아오너라. 내가 너희를 사랑하고 소유할 수 있도록, 이 땅에서 평생토록 너희에게 복을 주며 이후에도 너희를 내게로 영접하여 영원한 영광을 나눠 줄 수 있도록 내게로 돌아오너라"라고 말씀하시는 듯합니다.

이런 분을 계속 거역할 수 있겠습니까? 여러분은 우상을 믿고 있습니다. 귀인들을 믿고 있습니다. 사사들을 믿고 있습니다. 그런데 이런 하나님은 믿지 않겠다고 거부할 수 있겠습니까? 사랑하는 여러분, 이 논증을 보십시오. 어디에도 빠져나갈 길이 없는 것을 보십시오. 이 논증이 참되다는 것을 인정하십시오. 조금도 지체하거나 망설이지 말고 그분께 돌아가 아뢰십시오. "이제 알겠습니다. 이제 믿겠습니다. 여전히 이해는 되지 않습니다. 제가 이처럼 죄를 지었고 교만한데도 굽어보아 주시는 그 사랑이 이해가 되지 않습니다. 그러나 복음 메시지를 믿겠습니다. 주님은 너무나 크고 선한 분이십니다. 그 사랑! 그 사랑을 받아들이겠습니다. 예수 그리스도 안에서 당신께 저를 드리겠습니다."

지혜로워지십시오. 하나님과 화목을 이루십시오.

9.

온전히 채우시는
하나님

사 40:25-31

거룩하신 이가 이르시되
그런즉 너희가 나를 누구에게 비교하여 나를 그와 동등하게 하겠느냐 하시니라.
너희는 눈을 높이 들어 누가 이 모든 것을 창조하였나 보라.
주께서는 수효대로 만상을 이끌어 내시고 그들의 모든 이름을 부르시나니
그의 권세가 크고 그의 능력이 강하므로 하나도 빠짐이 없느니라.
야곱아, 어찌하여 네가 말하며
이스라엘아, 네가 이르기를 내 길은 여호와께 숨겨졌으며
내 송사는 내 하나님에게서 벗어난다 하느냐?
너는 알지 못하였느냐? 듣지 못하였느냐?
영원하신 하나님 여호와,
땅 끝까지 창조하신 이는 피곤하지 않으시며 곤비하지 않으시며 명철이 한이 없으시며
피곤한 자에게는 능력을 주시며 무능한 자에게는 힘을 더하시나니
소년이라도 피곤하며 곤비하며 장정이라도 넘어지며 쓰러지되
오직 여호와를 앙망하는 자는 새 힘을 얻으리니
독수리가 날개 치며 올라감 같을 것이요 달음박질하여도 곤비하지 아니하겠고
걸어가도 피곤하지 아니하리로다.

우리는 하나님의 크고 자비로운 약속의 선언을 들을 때 사람들의 마음에 일어나는 의문들에 대해 이사야 선지자가 40장에서 제시하고 있는 답변들을 계속해서 살펴보는 중입니다. 40장은 복음의 위대한 선포입니다. 그러나 이 선포를 처음 들은 이스라엘 자손들은 아주 믿기 어려워했고, 지금도 여전히 세상은 믿기 어려워하고 있습니다. 대부분의 세상 사람들이 그리스도인이 되지 않는 이유, 복음 메시지를 믿지 않을 뿐 아니라 조롱하며 거부하고 심지어 자신들에 대한 모욕으로까지 여기는 이유가 여기 있습니다. 선지자는 성경에서 가장 감동적인 장이요 위대하고 강력한 장에 속하는 40장 12절부터 마지막 절까지 사람들이 어렵다고 주장하는 문제들을 다루면서, 그에 답변하고 있습니다.

우리는 그 어려움들—하나님의 뜻은 초월적이어서 인간이 헤아릴 수 없다는 문제, 우상은 믿으면서도 하나님은 믿지 않는 불신앙의 문제—을 함께 살펴보았는데, 25-28절에 또 다른 어려움이 한 가지 나오고 있습니다. 아시다시피 영원한 심판 날에 그리스도를 믿지 않은 일에 대해 어떤 핑계도 댈 수 없는 것은, 성경이 우리에게 메시지를 전할 뿐 아니라 그 메시지를 믿을 수 있도록 도와주기 때문입니다. 성경은 우리가 태어나기도 전에 이러한 어려움에 대한 답변을 이미 준비해 두었습니다. 그 답변들이 여기 다 나오고 있습니다. 주저 없이 단언하건대, 복음을 믿는 일과 관련하여 사람이 떠올리는 어려움 중에 성경이 다루지 않은 어려움, 답변하지 않은 어려움은 하나도 없습니다.

이번에 다룰 어려움은 하나님의 길과 관련된 것입니다. 세상에서 일어나는 일들을 보면 하나님의 목적과 약속을 이해하기가 어렵습니다. 다시 말해서 하나님의 능하심과 선하심에 의심이 생기는 것입니다. 오늘 본문이 특별히 다루고 있는 문제가 이것입니다. 곧 이야기하겠지만, 이 또한 하나님의 하나님 되심을 분명히 알지 못하는 크고 중심적인 어려움의 또 다른 예에 지나지 않습니다. 이 중심적인 어려움은 각기 다른 방식으로 표출되는데, 아마도 그중에서 가장 흔하게 부닥치는 문제가 바로 이 문제일 것입니다. 27절은 그 문제를 이렇게 요약하고 있습니다. "야곱아, 어찌하여 네가 말하며 이스라엘아, 네가 이르기를 내 길은 여호와께 숨겨졌으며 내 송사는 내 하나님에게서 벗어난다 하느냐?"

이스라엘과 야곱 편에서 "우리가 멋대로 살아도 하나님은 보시지 않는다"라고 말하는 것이 아닙니다. 물론 그들이 그렇게 믿었던 것도 사실이지만, 지금 여기에서는 그 말을 하고 있는 것이 아닙니다. 이것은 불평입니다. 이스라엘은 말하고 있습니다. "왜 우리가 이렇게 힘든 시간을 보내야 하지? 하나님은 항상 우리를 자기 백성이라고 하셨잖아. 그런데 왜 자기 백성에게 고통을 주시는 거야? 왜 자꾸 상황이 나빠지는 거냐고?"

사람들은 자기 상황이나 눈앞에서 벌어지는 사건들을 보면서 하나님의 능력과 선하심에 이의를 제기하기 시작합니다. 이런 일들이 일어난 진정한 이유가 무엇인지 모르겠다고 말합니다. 하나님은 이런 일들을 해결해 주실 능력이 없는 것입니까, 아니면 우리에게 무슨 일이 생기든 말든 신경을 쓰시지 않는 것입니까? 사람들은 말합니다. "하나님의 의는 대체 어떻게 된 거지? 하나님의 심판은 대체 어떻게 된 거야? 하나님은 공평하시다면서, 이런 게 공평하신 거야?"

오늘날 다수의 사람들이 이런 이유를 대며 교회와 그리스도 밖에 머물고 있는 것은 의심의 여지 없는 사실입니다. 구약시대와 신약시대에 그러했듯이 오늘날에도 이것은 흔히 접할 수 있는 어려움이요 불만입니다. 사람들은 자신이 알고 있는 상황, 주변에서 목격하는 상황들을 받아들이지 못하겠다고 하면서 하나님과 그의 성품을 비난하는데, 성경에도 이런 비난들이 나오고 있습니다. 이것은 오랫동안 끈질기게 사람들을 괴롭혀 온 문제입니다. 성경은 이 문제를 수도 없이 많이 다루고 있습니다. 이것은 시편에 거의 매번 등장하는 불만입니다. 이스라엘 자손은 상황이 나빠질 때마다 항상 이런 불평과 불만을 터뜨릴 준비가 되어 있었습니다. 물론 상황이 좋을 때는 이런 비난을 하지 않았지만—그럴 때는 하나님을 완전히 잊어버렸습니다—상황이 나빠지면 곧바로 등을 돌리며 말했습니다. "이건 공평치 않아! 하나님은 대체 어디 계신 거지? 우릴 구해 주실 수 없는 거야? 대체 일이 어떻게 되어가고 있는 거야?"

오늘날에도, 이 20세기에도 단지 복음이 믿어지지 않는다는 이유로 믿지 않겠다는 사람들이 있습니다. 그들은 말합니다. "하나님이 약속한 것들이 있고 당신네 복음이 대단하게 주장하는 것들이 있지만, 현실을 한번 보십시오. 하나님이 정말 하나님이시고 성경이 말하는 그런 분이시라면 어떻게 이런 일이 일어날 수 있습니까? 무고하게 고통받는 사람들을 좀 보세요. 악하고 불경하고 이기적인 사람들이 득세하는 걸 좀 보라고요. 이런 세상에서 경건한 방식은 통하지 않는 것 같습니다. 불의한 일들과 잔인한 일들이 일어나는 걸 보십시오. 태어날 때부터 앞을 보지 못하거나 걷지 못하는 사람들을 보세요. 이런 현실 앞에서 성경이 말하는 하나님을 믿을 사람이 누가 있겠습니까?" 이것이 그들의 논거입니다. 하나님의 선과 공평과 의와 선의를 의심하며 의문을 제기하는 것입니다.

그러고 나서 하는 말은 이것입니다. "전쟁의 문제도 보십시오. 하나님은 왜 전쟁을 허용하시는 겁니까? 하나님이 정말 계신다면 어떻게 이런 일을 허용하실 수 있습니까? 하나님은 왜 전쟁을 막지 않습니까? 당신은 그에게 전능한 능력이 있다고 말하는데, 그런 능력이 있다면 왜 쓰시지 않는 겁니까? 혹 그가 계신다 해도 선한 분이 아니시거나 전능한 분이 아니시거나 둘 중에 하나일 겁니다." 그들은 하나님에 대한 진술들을 하나씩 거론하면서 의문을 제기합니다.

"상황을 직시하세요. 그런 엄청난 주장들을 아무리 해봐야 소용이 없습니다. 하나님의 '보배롭고 지극히 큰 약속'을 아무리 얘기해 봐야 소용이 없다고요^{벤후 1:4}. 그런 주장과 약속들이 실현되지 않는 이유가 대체 뭡니까?"

사람들은 특히 그리스도의 재림에 대해 질문하기를 좋아합니다. 그들은 "재림이 정말 일어났는가?"라고 묻습니다. 이것은 신약시대 때도 나왔던 질문입니다^{벤후 3:4}. 우리가 전하는 메시지는 하나님의 그리스도가 세상에 오셔서 큰 구원을 이루셨다는 것입니다. 하늘로 다시 올라가 원수로 자기 발등상을 삼기까지 하나님 우편에 앉아 계신다는 것입니다. 그리고 심판을 위해 다시 오셔서 하나님을 대적하는 모든 것을 제하신다는 것입니다. 자신의 나라, 즉 "의가 있는 곳인 새 하늘과 새 땅"을 세우신다는 것입니다^{벤후 3:13}.

회의론자는 말합니다. "아, 좋습니다. 그런데 그렇게 약속한 재림이 일어났습니까? 그런 설교를 할 수는 있겠지만, 그동안 얼마나 많은 세월이 흘렀는지 보세요. 기독교가 전파된 지 이미 2,000년이나 지났는데, 세상은 조금도 나아진 것 같지 않습니다. 당신네 복음이 진리라면 왜 모든 사람이 그리스도인이 되지 않는 것일까요? 왜 전쟁과 전염병이 사라지지 않는 것일까요? 당신네들이 그렇게 줄기차게 말하는 그리스도의 재림이 정말 일어났습니까? 아니, 그런 일이 일어나기는 하겠습니까? 과연 하나님이 그리스도를 보내실 수 있겠습니까? 그를 보내실 마음이 있기는 한 겁니까?"

온전히 채우시는
하나님

이것이 사람들의 질문이며, 선지자가 여기에서 다루고 있는 문제입니다. 그러므로 저는 여러분과 함께 이 문제를 살펴보고자 하며, 이 점에서 이사야가 어떻게 우리에게 필요한 모든 이야기를 해주는지 다시금 보여드리고자 합니다. 그는 온전하고 완벽한 해답을 주고 있습니다. 이번에도 해답은 하나님의 성품에 있습니다. 해답은 항상 여기 있습니다. 우리의 모든 곤경과 문제, 기독교 메시지를 믿지 못하도록 막는 어려움들은 전부 하나님에 대한 완전한 오해와 부당한 개념에서 비롯된 것입니다.

우리는 이 사실을 모르고 있습니다. 바로 이것이 문제입니다. 하나님이 너무 크시고 너무 다르시기 때문에 모든 점에서 걸려 넘어지는 것입니다. 우리는 스스로 이해한다고 여기며 이해할 역량이 있다고 여겨서, 여러 가지 질문을 던지고 머리로 분석을 한 후에 우리 생각에 맞지 않는다는 이유로 "하나님에 대한 이 가르침은 틀렸다. 사실이 아니다"라고 말합니다. 그러나 반복하건대, 우리의 모든 문제는 하나님의 성품을 이해할 능력이 비참할 정도로 전무한 데서 비롯됩니다.

그러므로 선지자의 말에 귀를 기울이기 바랍니다. 그는 세 가지 측면에서 하나님의 성품을 보여주고 있습니다. 바로 이 문제로 고민에 빠져 있는 분이 계십니까? 하나님의 길을 이해할 수는 없습니다. 여러분은 믿고 싶다고 말하며 믿을 수 있기를 바라면서도 "그렇다고 지적인 자살을 하면서까지 믿을 수는 없습니다. 제가 지금 어떤 자리에 있는지 알아야겠습니다. 설명이 필요합니다. 당신이 하는 말과 제가 보고 있고 알고 있는 바가 너무나 달라서 당황스럽습니다"라고 말합니다. 이사야 선지자가 이에 답변하면서 가장 먼저 하는 일은 우리를 하나님의 거룩하심에 직면시키는 것입니다. 그의 첫 번째 진술을 들어 보십시오. 18절에 나왔던 도전이 25절에서 다시 반복되고 있는데, 그 차이에 주목하기 바랍니다. 18절은 "그런즉 너희가 하나님을 누구와 같다 하겠으며 무슨 형상을 그에게 비기겠느냐?"라고 말하며, 25절은 "거룩하신 이가 이르시되 그런즉 너희가 나를 누구에게 비교하여 나를 그와 동등하게 하겠느냐?"라고 말합니다. 25절에 새롭게 등장하는 표현—"거룩하신 이"—에 주목하십시오. 이것은 하나님에 대한 묘사입니다. 성경이 항상 하나님에 대해 하는 말이 이것이며, 우리가 이 유형의 어려움에 봉착할 때마다 대응하며 대답하는 말이 이것입니다. 하나님은 거룩하시다는 이 중대한 주장을 가장 먼저 하는 것입니다.

　성경은 하나님의 거룩하심을 놓고 논쟁을 벌이지 않습니다. 하나님은 거룩하시다고 선포해 버립니다. 물론 바로 이 지점에서 우리는 하나님과 가장 크게 갈라지게 되며, 가장 큰 어려움에 부닥치게 됩니다. 우리는 하나님의 거룩하심을 상상할 수 없으며, 거룩하다는 말이 무슨 뜻인지 파악할 수도 없기 때문입니다. 우리의 능력과 기능이 가장 왜소해 보일 때가 있다면, 바로 하나님의 말할 수 없는 거룩하심을 살피려 할 때일 것입니다. 그의 크심과 능력과 위엄 앞에 설

때 우리의 정신은 오그라들고, 우리의 판단기준들은 아주 하찮은 것이 되어 버립니다. 그러나 무엇보다 거룩하심이라는 하나님의 특징을 살피려 할 때 우리는 모든 지식과 철학과 재능에 실망을 느끼게 됩니다. 무엇 하나 사용할 수 있는 것이 없습니다. 왜 그럴까요? 하나님은 우리와 본질적으로 너무나 다른 분이시기 때문입니다.

어떤 종류의 것이든 현대 신학에 대해 제가 좋은 말을 하는 경우는 그리 많지 않습니다만, 그럼에도 탁월하다고 생각하는 강조점이 한 가지 있습니다. 현대 신학은 하나님과 인간의 '질적 차이'를 크게 강조합니다. 이 점에서 출발하지 않으면 절대 바른 결론에 도달할 수 없습니다. 하나님과 우리를 가장 크게 가르고 구분하는 특징이 바로 이것—그의 거룩하심, 도덕적인 성품—이기 때문입니다. 하나님은 다른 면에서도 우리와 다르시지만, 이 점에서는 특히 더 다르십니다. 하나님 앞에 설 때, 우리는 감히 이해하려 들기는커녕 겸손히 무릎을 꿇고 경배하며 우리는 망한 사람들이라고 인정할 수밖에 없을 만큼 완전히 다른 특징에 맞닥뜨리게 됩니다. 반복하지만, 이 점과 관련하여 성경은 논쟁을 벌이는 것이 아니라 단언을 합니다.

여러분이 말하는 개개의 문제들은 진정한 문제가 아닙니다. 기적을 어떻게 이해할 것인지가 문제가 아닌 것입니다. 하나님이 이해되면 기적은 아무 문제도 되지 않습니다. 그런데 하나님이 이해가 되지 않습니다. 범주 자체가 너무 높습니다. 너무 큽니다. 너무 고상합니다. 이처럼 진정한 문제는 하나님을 모르는 데 있습니다! 성경이 무엇보다 먼저 하나님에 대해 주장하는 바는 그가 본질적으로 거룩하시다는 것입니다. 하나님을 하나님 되게 하는 속성은 그의 말할 수 없는 거룩하심입니다. 이런 주제에 대해 설교하려니 망설여집니다만, 이 자리에 선 사람이 자기 마음대로 주제를 택할 수는 없는 노릇입니다. 저의 임무는 말씀을 설명하는 것입니다. 하나님은 자기 자신과 자신의 거룩하심을 우리에게 계시하기를 기뻐하셨습니다. 그래서 십계명과 도덕법도 주신 것입니다. 선지자들에게 주신 메시지에 계시된 것도 이것입니다. 그 아들 안에서 최고로 계시해 주신 것도 이것입니다. 아들이 산상설교에서 가르쳐 주신 것도 이것입니다. 즉, 하나님의 거룩하심과 "성결"Holiness인 것입니다출 28:36.

어떤 의미에서 성경 전체의 메시지는 바로 "내가 거룩하니 너희도 거룩할지어다"라는 것입니다벧전 1:16. 성경이 하나님에 대해 무슨 말을 하는지 들어 보십시오. "하나님은 빛이시라. 그에게는 어둠이 조금도 없으시다는 것이니라"요일 1:5. 이런 모습이 어떤 것인지 상상할 수 있습니까? 여러분의 정신으로 이해할 수 있습니까? 철학으로 이해할 수 있습니까? 지각으로 이해할 수 있습니까? 하나님은 바로 이런 분이십니다. 어둠이 조금도 없는 분이십니다. 말로 표현할 수 없는, 아무것도 섞이지 않은, 온전히 영원한 빛이십니다. 그러나 이것도 하나님의 거룩하심을 보여주는 하나의 표상에 불과합니다. 이것만으로는 충분치 못합니다. 그는 악과 전혀 관련되지 않은 분이십니다. 죄를 보시지도 못할 정도로 정결한 분이십니다. 이것이 성경이 말하는 내용입니다. 하나님은 어떤 분이십니까? "우리 하나님은 소멸하는 불이심이라"^{히 12:29}. "가까이 가지 못할 빛에 거하시고 어떤 사람도 보지 못하였고 또 볼 수 없는 이시니"^{딤전 6:16}. 하나님은 이런 분이십니다. 그는 타오르는 빛이시라고 성경은 말합니다.

　　그러나 성경조차 계속해서 고백하는 사실은 하나님을 설명하기란 불가능하다는 것입니다. 우리의 언어는 너무나 보잘것없고 불충분합니다. 무가치합니다. 우리의 용어와 범주 자체가 죄에 오염되어 있기 때문에, 어떻게 보면 하나님에 대해 무슨 말을 하든지 그 영광을 손상시키게 되어 있습니다. 감사하게도 하나님은 우리에게 이미지와 표상들을 주셨습니다. 그러나 그것들도 우리를 고작 문턱까지만 데려다 줄 뿐입니다. 제가 이 주제와 관련하여 언급할 수 있는 가장 좋은 사실은, 죄 있는 육신의 모양을 취하신 하나님의 독생자가 죽음을 앞둔 전날 밤에 "거룩하신 아버지여"라고 기도하셨다는 것입니다^{요 17:11}. 그는 하나님의 거룩하심을 아셨던 분, 지상에서 유일하게 그 거룩하심을 아셨던 분이었습니다.

　　그렇다면 거룩하시다는 말이 의미하는 바는 무엇일까요? 그것은 말할 수 없이 의로우시다는 뜻입니다. 하나님은 진리요 빛이시라는 뜻이며, 그의 모든 행사는 진리와 정의와 공평의 통제를 받는다는 뜻입니다. 하나님은 이런 분이십니다. 여기에 필연적으로 따라오는 결론은, 하나님이 세상에서 하시는 일을 살펴보고 이해하고 싶은 사람은 반드시 그의 거룩하심이라는 이 범주에서 출발해야 한다는 것입니다. 그의 모든 행사에는 그의 성품과 특질이 나타나 있습니다. 여러분이 그리스도인으로서 많은 것을 이해하지 못한다고 하더라도, 하나님은 빛이시며 그가 하시는 모든 일은 옳다는 이 말은 할 수 있어야 합니다.

자, 여기에 우리의 어려움이 있습니다. 하나님은 이렇게 거룩한 분이신데, 우리는 그분과 너무나 다릅니다. 우리는 진리에서 출발하는 것이 아니라 행복에서 출발합니다. 그렇지 않습니까? 우리의 생각을 좌우하는 것은 이기주의와 자기중심주의입니다. 우리는 거룩함―절대적인 진리와 의와 공평―을 추구하지 않습니다. 우리가 원하는 것은 편안함과 안락함입니다. 우리를 즐겁게 해주는 것들입니다. 우리는 만사를 자신의 행복과 평안이라는 각도에서 바라봅니다. 자신의 이익에 따라 모든 일을 결정합니다. 그렇다 보니 충돌이 일어날 수밖에 없습니다. 하나님은 거룩함 가운데 계십니다. 그런데 우리는 죄와 무가치한 것들 가운데 있습니다. 하나님은 모든 일을 거룩함의 관점에서 하시기 때문에, 우리는 그것을 이해하지도 못하고 좋아하지도 않습니다.

솔직하고 정직하게 인정합시다. 우리는 공평에 대해 말하기를 싫어하지 않습니까? 우리는 응보와 형벌에 대해 말하기를 싫어합니다. "하나님이 사랑이시라면 당연히 형벌 같은 건 없을 거야"라고 말합니다. 우리는 하나님의 율법을 좋아하지 않으며, 그가 십계명을 주시고 그것을 지키지 않으면 벌을 주신다는 개념을 좋아하지 않습니다. "오, 그런 건 다 잘못된 생각이야"라고 말합니다. 그렇습니다. 우리가 이렇게 말하는 것은 탐욕과 욕심과 정욕의 지배를 받고 있기 때문입니다. 가능한 한 세상의 좋은 것을 전부 갖고 싶기 때문입니다. 만사를 자기 방식대로 하고 싶기 때문입니다. 모든 판단의 범주가 자기 속에 있고 이기적이며 자기중심적이기 때문입니다. 반복하지만, 하나님은 이런 우리와 완전히, 절대적으로, 철저하게 다른 분이십니다.

이스라엘 자손들도 항상 이 점에서 곤경에 빠졌다는 사실은 이미 상기시킨 바 있습니다. 상황이 좋아지면 하나님을 잊어버리고 등을 돌렸습니다. 그러다가 상황이 나빠지면 "하나님은 왜 우리를 이렇게 대하시는 거지?" 하면서 불평했습니다. 그들의 문제가 무엇입니까? 자신들이 벌받아 마땅한 사람들이라는 생각을 전혀 하지 못한 것입니다. 어린아이들이 다 그렇듯이, 인간은 본성적으로 이런 생각을 합니다. '그래, 내가 잘못했다는 건 알아. 하지만 그렇다고 꼭 벌을 받아야 한다면 엄마 아빠는 가혹하고 무정한 거야. 내가 왜 꼭 벌을 받아야 해?' 우리는 다 이런 감정을 느낍니다. 다 이런 말을 합니다. 하나님 앞에서도 여전히 이런 말을 합니다. 우리는 거룩하신 분을 이해하지 못하고 있습니다. 하나님의 모든 길이 거룩하고 의롭고 공평하다는 것을 알지 못하고 있습니다. "세상을 심판하시는 이가 정의를 행하실 것이 아니니이까?"라고 말할 준비가 되어 있지 않습니다^{창 18:25}.

분명하게 말씀드리겠습니다. 사람들이 왜 나사렛 예수가 인간이실 뿐 아니라 하나님이시라는 말을 믿지 못하겠다고 하는지, 왜 한 인격 안에 두 본성이 있다는 개념을 믿지 못하고 자기들의 철학에 비추어 볼 때 불가능한 일이라고 하는지 아십니까? 왜 성육신의 교리에 걸려 넘어지는지, 하나님의 아들이 문자 그대로 땅에 내려오셔서 우리들과 함께 사셨다는 사실을 믿지 못하는지 아십니까? 제가 말씀드리겠습니다. 죄가 무엇인지 전혀 모르기 때문입니다. 죄의 심히 죄 됨을 전혀 모르기 때문입니다[롬 7:13]. 그것을 알았다면, 하나님의 아들이 오셔야만 구원받을 수 있다는 사실도 알았을 것이요 성육신이 반드시 필요한 일이었다는 사실 또한 알았을 것입니다.

사람들이 십자가에 걸려 넘어지는 이유가 무엇입니까? 못 박히신 그리스도를 불쾌하게 여기는 이유가 무엇입니까? 십자가를 받아들인다는 것은 곧 그것만이 하나님이 인류를 구원하실 수 있는 방법이라는 사실을 받아들이는 것이며, 여러분이나 저나 다른 모든 사람들이 너무나 심각하고 무서운 죄를 지었기 때문에 다른 방법으로는 우리의 죄과를 용서하실 수 없다는 사실 또한 받아들이는 것이기 때문입니다. 우리는 그것을 원치 않습니다. 오, 그렇습니다. 육신의 치료자로서는 그리스도를 믿습니다. 스승으로서는 믿습니다. 하나의 본보기로서는 믿습니다. 사람들이 혐오하는 것은 그리스도가 자신들의 죄를 위해 죽으셨고, 자신들은 그의 피로만 구원을 받는다는 바로 이 말입니다. 사람들은 피나 '피의 신학'을 좋아하지 않습니다. 왜 그럴까요? 거듭 말하지만 하나님의 거룩하심을 이해하지 못하기 때문입니다. 그들은 하나님이 죄를 눈감아 주시며 못 본 척해 주실 수 있다고 생각합니다. 그렇다면 하나님은 거룩하신 분이 아닙니다. 그들은 하나님이 죄를 덮어서 괜찮아 보이게 해주실 수 있다고 생각합니다. 그러나 거룩하신 분은 그런 짓을 하실 수 없습니다.

"하나님은 빛이시라. 그에게는 어둠이 조금도 없으시다는 것이니라"라는 말씀을 이해할 때에만 여러분에게는 하나님이 하시는 일에 대해 물어볼 자격이 생깁니다^{요일 1:5}. 여러분의 정신은 죄와 이기심과 추함과 더러움을 씻어 내고 깨끗하게 정화될 필요가 있습니다. 하나님의 빛이 여러분 속으로 들어가야 합니다. 그래야 비로소 그를 이해하기 시작하며, 하나님의 독생자와 함께 "거룩하신 아버지여"라고 말할 수 있게 되고, 그가 못 박히신 십자가 앞에서도 그를 경배하며 사모할 수 있게 됩니다. 하나님은 거룩한 분이십니다.

둘째로, 선지자는 여기에서 하나님의 변치 않는 특징, 즉 불변성을 강조하고 있습니다. 이 부분에서도 우리가 곤란을 겪는 것은 놀랄 일이 아닙니다. 시편기자의 표현대로 우리는 하나님을 우리처럼 생각하기를 고집합니다^{시 50:21}. 인간은 당연히 피곤을 느낍니다. 약속을 하지만 지키지 못합니다. 나이가 들면서 기력도 없어집니다. 힘이 빠져 전에는 너끈히 했던 일을 더 이상 하지 못합니다. 우리는 하나님을 우리의 형상대로 만들어 놓고, 그도 피곤해 하시며 잘 잊어버리실 것처럼 생각합니다.

우리는 세상에서 대단한 사람이 될수록 자잘한 것들은 잊어버리는 경향이 있습니다. 더 나아가 별 볼 일 없는 사람들도 잊어버리는 경향이 있습니다. 크게 출세했으니 그런 사람들한테 방해를 받을 수 없다는 것입니다. 어릴 때 같이 자란 친구인데도, 성공을 거듭하면서 그 사실조차 잊어버립니다. 너무 대단한 사람이 되다 보니 그들의 존재조차 망각해 버립니다. 이것이 인간의 본성 아닙니까? 우리는 하나님도 그러실 것이라고 생각합니다. 우리는 피조세계에 나타나는 하나님의 크심을 보면 알 수 있다고 하면서, 그것을 증거로 내세웁니다. "그렇게 크신 하나님이 비참한 벌레 같은 나한테 관심이나 가지시겠어? 우주를 아무것도 아닌 듯 주무르시고 열방도 저울 위에 작은 티끌처럼 여기시는 여호와께서 나 같은 사람한테 개인적인 관심을 가지시겠느냐고? 그건 불가능한 요구야."

이스라엘 자손들도 이런 논법을 사용했습니다. 그들은 하나님이 지치신 것이 틀림없다고, 이제는 자신들을 잊으신 것이라고, 더 이상 그는 공평하시지 않다고 했습니다. 약속은 하셨지만 다 잊어버리셨기 때문에 이루어지지 않는 것이라고 했습니다. 이러한 불만에 대해 선지자가 내놓는 답변은 이것입니다.

"너희는 눈을 높이 들어 누가 이 모든 것을 창조하였나 보라. 주께서는 수효대로 만상을 이끌어 내시고 그들의 모든 이름을 부르시나니 그의 권세가 크고 그의 능력이 강하므로 하나도 빠짐이 없느니라.⋯⋯너는 알지 못하였느냐? 듣지 못하였느냐? 영원하신 하나님 여호와, 땅 끝까지 창조하신 이는 피곤하지 않으시며 곤비하지 않으시며 명철이 한이 없으시며"26, 28절.

이 모든 말씀이 의미하는 바가 무엇입니까? 제가 요약해 보겠습니다. 이사야는 하나님이 변치 않으신다고, 불변하시며 영원하시다고 말합니다. 그는 이랬다저랬다 하시지 않습니다. 그는 변경하시는 법이 없습니다. 아니, 이사야는 여기에서도 좀 더 나아가고 있습니다. 그는 하나님이 변하려야 변하실 수가 없다고 말합니다. 하나님이라는 말의 정의는 "스스로 있는 자"라는 것입니다출 3:14. 영원부터 영원까지 동일한 분이시라는 것입니다. 시간은 영원하신 분의 이마에 주름살 하나 그릴 수 없습니다. 그는 영원토록, 항구적으로 동일한 분이십니다. 모든 능력과 모든 힘의 근원이십니다. 결코 지치시는 법이 없습니다. "이스라엘을 지키시는 이는 졸지도 아니하시고 주무시지도 아니하시리로다"시 121:4. 이것이 첫 번째 답변입니다.

이사야의 두 번째 답변은, 하나님이 지금도 여전히 만물을 통제하고 계신다는 것입니다. 그는 세상을 만드셨을 뿐 아니라 그 놀라운 섭리로 보전하고 계십니다. 만물에 생명과 호흡과 삶을 주고 계십니다. 하나님이 성령을 거두시면 만물은 죽게 되어 있습니다. 하나님이 생존케 하지 않으시면 우리도 한순간에 죽을 것입니다. 이것이 성경의 가르침입니다. 창공의 별들과 자연의 온갖 경이로운 모습들을 보십시오. 하나님은 그 모든 것을 보고 계십니다. 그 모든 것을 알고 계십니다. 만물은 그의 강력한 통제를 받고 있습니다. 그는 결코 변하시지 않으며 지치시지 않습니다. 그는 자신의 에너지를 나누어 주십니다. 그 에너지는 줄어드는 법이 없습니다. 항구적이고 영원한 근원에서 나오기 때문입니다.

감사하게도 아직 할 말이 더 있습니다. 하나님은 그토록 크신 분임에도 우리 한 사람 한 사람을 알고 계십니다. 이사야는 여기에서 놀라운 비교를 하고 있습니다. "너희는 눈을 높이 들어 누가 이 모든 것을 창조하였나 보라." 이사야는 별이 빛나는 밤에 여러분을 밖으로 데리고 나갑니다. 그리고 "저 별들을 한번 보아라. 그 수를 셀 수 있겠느냐? 그런데 하나님은 저 많은 별들을 낱낱이 알고 계신다!"라고 말합니다. "그들의 모든 이름을 부르시나니 그의 권세가 크고"26절.

하나님은 그토록 크고 강한 분이신데도 별들을 낱낱이 다 알고 계십니다. 만유의 주인이신데도 세밀하고 자세하게 알고 계십니다. 그의 권세와 능력은 전체적으로만 나타나는 것이 아니라 구체적으로도 나타납니다. 복음의 전 영역을 통틀어, 영존하시고 영원하신 하나님이 나를 알고 계신다는 것보다 더 놀라운 사실을 저는 알지 못합니다. 그는 보잘것없고 하찮은 사람들은 잊어버리는 세상의 대단한 사람들, 자잘한 것에 매이지 않는 대단한 사람들 같지 않으십니다. 올리버 웬델 홈즈Oliver Wendell Holmes의 말이 전적으로 옳습니다.

모든 우주의 중심이시면서도
각 사람을 얼마나 친밀히 사랑해 주시는지.

하나님이 사랑하시는 아들, "나를 본 자는 아버지를 보았거늘"이라고 말씀하셨던 아들의 삶을 살펴보면 그 크고 영광스러운 실례를 목격할 수 있습니다^{요 14:9}. 그를 바라보면서 제가 발견하는 것은 이것입니다. 하루는 큰 무리가 "밀려들"어 주님을 밀쳤다고 성경은 이야기합니다. 주님은 길을 가시던 중이었는데 그 큰 무리 때문에 거의 움직이실 수 없는 지경이 되었습니다. 그런데 그때 갑자기 걸음을 멈추시더니, 주위를 돌아보며 이렇게 말씀하셨습니다. "내게 손을 댄 자가 누구냐?" 사방에서 사람들이 밀쳐 대는 판국에 이런 말씀을 하신 것입니다! 주님의 요지는 "누가 특별히 내게 손을 댔느냐?"라는 것이었습니다. 그는 혈루증을 앓는 한 불쌍한 여자의 간절한 손길을 느끼셨습니다. 여자는 주님을 만졌고, 주님은 그것을 아셨습니다^{눅 8:43-48}. 온 우주의 주인이시면서도 자신을 만진 여자가 누구인지 아시고, 그의 문제가 무엇인지 알아채신 것입니다.

이보다 더 놀라운 예는 십자가입니다. 그는 자신의 거룩한 몸으로 온 세상의 죄를 짊어지셨고, 모든 수치와 고통을 겪으셨습니다. 십자가에서 자신을 복종시키셨습니다. 아버지와 아들 사이에 큰 거래가 이루어졌습니다. 그런 상황에서 그런 큰 일을 하셨으니 다른 일이나 다른 사람들에게는 관심을 보이실 틈이 없었을 것이라고 생각할 수 있습니다. 그러나 주님은 그 우주적인 문제를 처리하시는 와중에도 옆에서 죽어 가는 한 강도의 말에 귀를 기울이시며, 그 고통 중에서도 "오늘 네가 나와 함께 낙원에 있으리라"라고 말씀하실 틈을 내셨습니다^{눅 23:43}.

하나님은 별들만 낱낱이 아시는 것이 아니라 우리도 낱낱이 아십니다. 권위 있는 이 말씀을 들어 보십시오. 이것은 주 예수 그리스도께서 친히 하나님에 대해 하신 말씀입니다. 그는 제자들이 너무나 두려워하는 것을 보시면서 그럴 필요가 없다고 말씀하셨습니다. "너희에게는 심지어 머리털까지도 다 세신 바 되었나니 두려워하지 말라."^{눅 12:7} "땅 위 궁창에" 앉아 "땅에 사는 사람들"을 "메뚜기"같이 보시는 하나님, "하늘을 차일같이 펴셨으며 거주할 천막같이" 치신 영원하신 하나님이 여러분을 알고 계시며 여러분의 머리털까지 다 세고 계십니다. 그리스도 안에 있는 사람에게는 어떤 일도 하나님의 허락 없이 일어날 수 없습니다. 하나님이 허락지 않으시면 참새 한 마리도 땅에 떨어지지 않습니다^{마 10:29}. 이런 것을 머리로 이해할 수는 없는 노릇입니다. 여러분의 철학일랑 치워 버리십시오. 집에 두고 오십시오. 이런 것을 이해하기에 철학은 너무나 왜소한 것입니다. 우주의 주인이 참새 한 마리가 땅에 떨어지는 일에 관심을 기울이시며, 하늘의 하나님이 여러분의 머리털을 세는 수고를 감당하십니다. 여러분을 사랑하시기 때문에, 그리스도 안에서 여러분의 아버지가 되시기 때문에 그렇게 하십니다. 이처럼 하나님은 거룩하고 변치 않는 분, 불변하는 분이십니다.

마지막으로, 이사야는 하나님의 영원한 지혜를 보여줌으로써 우리의 의심과 의문에 답변하고 있습니다. "명철이 한이 없으시며"^{28절}.

그의 길을 이해하려 드는 것이 얼마나 어리석은 짓인지 모릅니다. 우리는 세상에서 일어나는 일들도 이해가 되지 않아 질문을 던지고 의문을 품습니다. 그만큼 우리의 정신은 왜소합니다. 성경은 우리의 의심에 대해 하나님께는 목적이 있다고 대답합니다. 계획이 있다고 대답합니다. 그는 처음부터 끝까지 모든 것을 보고 계십니다. 세상의 기초를 놓기도 전에 이미 구원 계획을 세워 놓으셨습니다. 하나님은 자신이 무슨 일을 하는지 알고 계십니다. 찬송가 작사자인 A. L. 웨어링Waring의 표현 그대로입니다. "그는 자신이 가는 길을 아신다네."

여러분과 저는 그 길을 모릅니다. 우리 눈에는 인생이 모순으로만 보입니다. 이 일은 이리로, 저 일은 저리로 가는 것 같습니다. 그래서 "대체 뭐가 어떻게 돌아가는 거야?"라고 묻습니다. 우리는 이해하지 못합니다. 그러나 하나님은 알고 계십니다. 처음을 보시는 것처럼 끝도 분명하게 보고 계십니다. 여러분과 제가 이 왜소한 정신과 지각으로 파악할 수 있는 것은 역사의 작은 한 토막, 어쩌다 우리가 살게 된 이 시대뿐입니다. 자기중심적인 우리는 이 시대야말로 세계 역사에서 가장 중요한 시대라고 말합니다. 우리가 살고 있는 시대니까 중요하다는 것입니다! 그러나 우리의 아버지 세대도 그렇게 말했고 할아버지 세대도 그렇게 말했습니다. 이처럼 우리는 시대의 작은 한 토막을 보면서도 이해하지 못하겠다고 말합니다. 물론 이 작은 한 토막을 전체에 끼워 넣고 보면 아주 약간 이해가 되기도 하지만, 그 모든 것을 온전히 이해하시는 분은 오직 하나님 한분뿐입니다. "명철이 한이 없으시며."

하나님은 우리가 이해할 수 없는 많은 일들을 허락하십니다. 그러나 자신이 무슨 일을 하는지 다 알고 계십니다. 저 위대한 로마서 11장을 읽어 보십시오. 바울이 유대인의 문제를 다루면서 자기만의 방식으로 똑같은 주장을 하는 것을 보게 됩니다. 이스라엘 자손은 하나님의 백성이면서도 복음을 거부한 반면, 이방인들은 복음을 믿었습니다. 이 일을 어떻게 이해하겠습니까? 하나님의 계획은 대체 어떻게 된 것입니까? 유대인이 정말 하나님의 백성이기는 한 것입니까? 이것이 문제였습니다. 이에 대해 바울이 내놓는 답변은 하나님이 이 일을 허락하셨다는 것입니다. 우리는 이해하지 못하지만 하나님께는 계획이 있다는 것입니다. 그 계획은 완벽합니다. 그가 모든 것을 계획해 놓으셨습니다. 지금 일어나는 일들은 하늘의 프로그램에 따른 것입니다. 지금까지도 늘 그러했고, 앞으로도 그러할 것입니다. 나중에 보면 하나님께 그 계획의 일부를 들은 이사야의 입에서 다음과 같은 고백이 터져 나옵니다. "구원자 이스라엘의 하나님이여, 진실로 주는 스스로 숨어 계시는 하나님이시니이다"^{사 45:15}. 그는 말합니다. "이제야 알겠습니다. 주님이 숨기고 계신 밝은 구상이 있군요. 저는 그걸 몰라서 대체 무슨 일을 하시는가 의아해 했습니다."

여러분에게 말씀드리고 싶은 모든 내용을 완벽하게 보여주는 예가 바로 갈보리 언덕의 십자가라고 저는 생각합니다. 감히 말하건대, 하나님이 하신 일 중에 가장 기이한 일이 십자가 위에서 일어났습니다. 하나님은 아들을 세상에 보내 십자가에서 죽게 하셨습니다. 이런 일이 이해가 됩니까? 죄는 반드시 벌하고 그렇지 않으면 어떤 죄인도 용서치 말라고 명하시는 하나님의 거룩하심에 비추어 볼 때, 우리가 구원받을 수 있는 방법은 오직 한 가지밖에 없습니다. 하나님 은 그 존재의 표현인 율법과 말씀을 거스르실 수 없습니다. 그는 죄 를 지은 자는 반드시 죽어야 한다고 말씀하셨습니다. "죄의 삯은 사 망이요" 롬 6:23. 처음에는 십자가가 이상해 보여도 자세히 보면 볼수록 그 길이 얼마나 완벽한지 알게 됩니다. 우리는 그 길을 찾을 수도 없 고 이해할 수도 없다는 사실을 알게 됩니다. 십자가는 하나님의 지 혜입니다. 모든 상황이 불리한 듯 보였습니다. 세상이 승리하고 하나 님의 아들은 고통을 받으시는 것처럼 보였습니다. 그는 패배하셨습 니다. 죽어서 무덤에 장사되셨습니다. 맞습니다. 그러나 다시 살아나 이기시고 승리하시고 영광을 얻으셨습니다!

그러니 헤아릴 수 없는 것을 헤아리려고 애쓰지 말고, 십자가에 나타난 하나님의 변치 않는 거룩하심을 보십시오. 하나님은 자신이 무슨 일을 하는지 알고 계신다는 사실을 깨달으십시오. 여러분과 제 가 구원받을 수 있도록 길을 열어 놓으신 놀라운 지혜를 보십시오. 하나님의 의도 지키시고 "또한 예수 믿는 자를 의롭다" 하신 것을 보 십시오 롬 3:26. 단순히 용서하는 것이 문제가 아니라 어떻게 계속 의를 지키면서 용서하느냐가 문제였습니다. 이것이 십자가에 담긴 의미 입니다. 의로우신 하나님이 죄도 벌하시고, 불의한 자도 의롭다 하십니다. 어떻게 그 일이 가능합니까? 자, 그는 예수 안에서 죄를 벌하셨습니다. 그랬기 때문에 죄인들을 용서하실 수 있는 것입니다. 그의 의는 손상되지 않습니다. 그의 거룩하심은 훼손되지 않습니다. 그러면서도 사람들은 용서받을 수 있습니다. 이처럼 십자가는 패배처럼 보였지만 사실은 가장 큰 승리였습니다. 십자가는 하나님의 거룩하심과 변치 않는 성품, 항구적이고 영원한 지혜를 보여줍니다.

마지막으로 우리가 다룰 부분은 이 위대한 장의 말미에 나오는 세 구절입니다. 여기에서 이사야는 복음을 믿지 못하도록 막는 마지막 어려움을 다루고 있습니다. 이 어려움의 근거는 인류의 연약함에 있습니다. 하나님은 강하시다는 것을 인정한다고 해도 인간이 너무나 연약하기 때문에 복음의 약속은 이루어질 수 없다는 것이 사람들의 불만입니다. 물론 29-31절에 나오는 이사야의 말은 일차적으로 '바벨론에 포로로 잡혀간 이스라엘 자손들의 의심'이라는 측면에서 이해되어야 합니다. 이스라엘은 참으로 연약하고 무력했습니다! 그런데 어떻게 이사야에게 선포하라고 주신 구원의 좋은 소식이 이루어질 수 있겠습니까?

이사야의 답변은 여전히 동일한 것으로서, 이스라엘 자손들과 기독교 복음을 의심하는 자들에게 공히 해당됩니다. 문제는 항상 구원의 본질을 이해하지 못하는 데서 비롯됩니다. 첫째로, 구원은 전적으로 하나님에게서 나오는 것이며 그에게는 능치 못한 일이 없다는 것을 알아야 합니다. 더 나아가 구원은 우리가 생각할 수 있는 일이나 과거에 생각해 보았던 일, 경험해 보았던 모든 일과 완전히 대조되는 것이기에 인간의 추론에 근거하여 판단할 수 없다는 것을 알아야 합니다. 복음은 기적이라는 것을 항상 기억해야 합니다. 이것이 선지자의 핵심 메시지로서, 그 메시지는 세 가지 명제로 설명될 수 있습니다.

무엇보다 먼저 이사야가 30절에서 보여주는 것은 **인간의 전적인 무능력**입니다. "소년이라도 피곤하며 곤비하며 장정이라도 넘어지며 쓰러지되." 이것은 아주 기본적이고 기초적인 원리로서, 이 원리를 보지 못하고 깨닫지 못하는 것이야말로 인간의 치명적인 잘못입니다. 이사야는 이 진리를 생생한 그림으로 보여주고 있습니다. 힘과 기력과 활력이 넘치는 소년도 피곤을 느끼며 곤비해집니다. 그뿐 아니라 장정—군사로 선발된 가장 힘센 장정—도 "넘어지며 쓰러지"고 기진합니다. 사람이 한창 때 자기의 모든 능력을 발휘해서 노력을 한다 해도 구원을 얻을 수는 없습니다.

"과연 그럴까요?"라고 묻는 이가 있을 것입니다.

그 질문에 대한 저의 대답은 이것입니다. 우리가 구원을 얻기 위해 해야 하는 일이 무엇인지 생각해 본 적이 있습니까? 우리는 세상과 육신, 마귀와 싸워야 합니다. 하나님의 율법을 지켜야 하며, 삶의 모든 영역에서 그를 영화롭게 해야 합니다. 그리고 마지막으로, 심판날 그분 앞에 능히 설 수 있어야 합니다. 물론 이 모든 조건을 충족시킨 사람은 지금껏 아무도 없었고 앞으로도 없을 것입니다. "모든 사람이 죄를 범하였으매 하나님의 영광에 이르지 못하더니"롬 3:23. "의 인은 없나니 하나도 없으며"롬 3:10. 바울도 로마서 7장에서 이 점을 다루고 있습니다. 이사야의 말을 빌리면 가장 훌륭하고 강한 구약의 성도들조차 "힘"이 부족했고 "피곤"해졌습니다.

이사야의 두 번째 명제는 **하나님이 우리에게 공급하신다**라는 것입니다. "오직 여호와를 앙망하는 자는 새 힘을 얻으리니 독수리가 날개 치며 올라감 같을 것이요 달음박질하여도 곤비하지 아니하겠고 걸어가도 피곤하지 아니하리로다"31절. 복음의 기적이 일어나는 지점이 바로 이 지점입니다. 이것이 하나님의 구원 방식입니다. 우리는 성령을 통해 그리스도 안에서 이 구원을 받아 누립니다.

하나님의 구원 방식이 무엇입니까? 자, 단순히 죄만 사해 주시고 용서해 주시는 것이 아닙니다. 물론 죄 사함도 꼭 필요합니다. 그러나 그것은 시작에 불과합니다. 그것을 넘어서는 것이 있습니다. 하나님은 그 자신이 결코 피곤하시거나 곤비하시지 않을 뿐 아니라 피곤하고 곤비한 자들에게도 힘을 주십니다. 그들을 다시금 새롭게 하시며―"새 힘을 얻으리니"―되살아나게 하십니다. 이런 기적이 우리 안에서 일어납니다. 새로운 생명과 새로운 본성, 새로운 능력이 생겨납니다. 이것은 전부 하나님이 그리스도 안에서―우리와 함께하시는 그리스도 안에서―주시는 것입니다.

좀 더 살펴봅시다. 이사야는 31절에서 이러한 하나님의 힘과 능력이 그리스도인들 안에서 어떻게 역사하는지 자세히 묘사해 주고

온전히 채우시는
하나님

있습니다. 첫째로, 그의 능력은 우리가 살면서 부닥치는 모든 시험과 역경을 넉넉히 감당하게 해줍니다. 둘째로, 그의 능력은 인생의 모든 단계를 넉넉히 통과하게 해줍니다. 셋째로, 그리스도는 결코 우리를 떠나시거나 버리시지 않으며 저버리시지 않겠다고 약속하셨습니다.

이것은 성경 곳곳에서 만날 수 있는 가르침입니다. 바울은 에베소 사람들에게 말했습니다. "끝으로 너희가 주 안에서와 그 힘의 능력으로 강건하여지고"엡 6:10. 그는 하나님이 "우리 가운데서 역사하시는 능력대로 우리가 구하거나 생각하는 모든 것에 더 넘치도록 능히 하실 이"심을 이미 밝힌 바 있습니다엡 3:20. 그리고 빌립보서 4:13에서는 이렇게 말합니다. "내게 능력 주시는 자 안에서 내가 모든 것을 할 수 있느니라." 히브리서 기자도 편지를 읽는 자들에게 바락과 기드온과 삼손과 그 밖의 사람들이 "연약한 가운데서 강하게" 되었음을 상기시키면서 동일한 메시지를 전하고 있습니다히 11:34. 또한 여러 찬송가 작사자들도 같은 진리를 표현했습니다.

매 순간 주가 필요하오니
저와 함께 계시옵소서.
주 함께 계시면
시험도 힘을 잃습니다통일찬송가 500장 2절 참조.

— 애니 S. 호크스Annie Sherwood Hawks

나는 약하오나 주는 강하십니다.
그 강한 손으로 나를 잡아 주소서[통일찬송가 451장 1절 참조].

— 윌리엄 윌리엄스[William Williams]

이 찬송도 들어 보십시오.

지친 자의 안식

슬픈 자의 기쁨

적막한 자의 소망

기쁜 자의 빛

나그네의 고향

망한 자의 힘

위험할 때 피난처 되시는

내 구주, 내 친구시여!

내 발이 비틀거릴 때

주께 부르짖습니다.

낮은 자의 왕관,

높은 자의 십자가시여.

내 걸음이 방황할 때

더 진실하고 다정하게

살펴 주소서.

온전히 채우시는
하나님

내 구주, 내 친구시여.

— J. S. B. 몬셀^{Monsell}

그분 안에 모든 것이 있습니다.

이사야의 세 번째 명제는 **이 구원을 경험할 길이 있다**는 것입니다. 첫째는 우리의 책임에 관한 것입니다. 이사야는 우리 자신이 심히 연약함을 알고, 믿음으로 그를 바라보고 순종하면서, 항상 "여호와를 앙망"하라고 말합니다. 둘째로 우리가 알아야 할 것은 어떤 핑계도 댈 수 없다는 것입니다. 모든 것이 복음에 계시되어 있기 때문에 우리의 무지에 대해 어떤 핑계도 댈 수 없습니다. 하나님이 힘을 주겠다고 하셨기 때문에 연약하다는 핑계를 댈 수가 없습니다. 이사야가 말한 그대로입니다. "피곤한 자에게는 능력을 주시며 무능한 자에게는 힘을 더하시나니." 그는 모든 면에서 충분히 공급해 주십니다.

그러므로 여러분, 결론은 이것입니다. 이러한 하나님의 복음에 어떻게 반응하겠습니까? 분명한 사실은 우리 모든 사람이 죄를 지었고, 따라서 벌받아 마땅하며 죽어 마땅하고 지옥에 떨어져 마땅하다는 것입니다. 우리는 하나님이 그렇게 선포하시는 것을 보았고, 그의 말씀은 전부 맞습니다. 우리는 정말 그런 사람들입니다. 그러나 하나님은 사랑으로 독생자의 십자가 죽음을 통해 그 안에 구원의 길을 마련해 놓으셨습니다. 그리고 누구든지 그를 믿는 자는 거저 용서해 주고 사해 주겠다고 말씀하십니다. 자신과 화목케 해주시며 새로운 생명과 영원한 삶과 복된 소망을 주겠다고 말씀하십니다. 이것은 하나님의 약속입니다. 그의 약속은 결코 변하지 않습니다. 그뿐 아니라 하나님은 힘과 능력―결코 곤비하거나 쓰러지지 않는 전능하신 하나님의 능력―을 새롭게 해주심으로써 독수리처럼 날개 치며 올라갈 수 있게 해주겠다고, 우리 앞에 닥치는 모든 어려움과 문제들을 이기게 해주겠다고 하십니다.

이 모든 것을 경험하면서 살 수 있는 방법이 무엇입니까? 이렇게 표현해도 될지 모르겠지만, 주 예수 그리스도의 마음을 여는 열쇠가 딱 하나 있습니다. 그것은 **회개**입니다. 죄를 인정하는 것입니다. "저는 아무것도 아닙니다. 저를 불쌍히 여겨 주십시오"라고 아뢰는 것입니다. 이렇게 아뢰면 그는 결코 마다치 못하시고 어김없이 응답하시며 풍성한 은혜를 부어 주십니다. 오, 우리의 눈을 열어 이런 분을 거절하고 있는 비극을 보게 해주시기를!